OHSAMA BUNKO

愛と欲望の世界史

堀江宏樹

三笠書房

はじめに……世界史の隠し持つ〝濃密な人間ドラマ〟へ

私たち人間はいつの世にあっても、愛さずにはいられず、また何かを深く求め欲せずにはいられません。

それは、現代にいたるまでの世界史にその名を残した、誰もが知る人物たちにとっても、やはり同じことでした。

「愛」と「欲望」は、人生を左右する運命の歯車の両輪です。

そう、愛と欲望こそが、歴史を突き動かしてきたといっても過言ではないのです。

たとえば多くの方がご存知の、フランス王妃マリー・アントワネットとフェルゼン伯爵の恋。革命のさなか、アントワネットら国王一家のパリ脱出を計画し、私財を投じて手引きしたのは、他ならぬ長年の恋人フェルゼンでした。民衆に憎悪された王妃も、彼にとっては**命がけで守りたかった唯一無二の女性**だったのです。

また、世界の宝である芸術。その〝**創造の源**《みなもと》〟となったのも、愛でした。画家パブロ・ピカソ、彫刻家オーギュスト・ロダン、音楽家ヴォルフガング・アマデウス・モーツァルトらのたぐいまれな作品が生まれる背景には、必ずミューズ（創作意欲を刺激する女性）の存在がありました。

しかし、そうした歴史を彩《いろど》った愛の物語は、決して美しく誇れるものばかりでもありません。**狂気や破滅と表裏一体**だったものもありました。

かのアドルフ・ヒトラーが敗北を悟り、死をともにしたのは、その直前に妻としたエヴァ・ブラウンでした。20世紀最悪の独裁者だった彼も、死に直面すれば、恐怖に取り憑《つ》かれた一人の男にすぎなかったことが思い知らされます。

いかに高い身分に生まれようと、非凡な才能に恵まれようと、一時的に大きな権力を握ろうと、誰しもが、愛や欲望の前には一人の無力な人間なのです。

そして、その「欲望」の対象は、実にさまざまです。

史上初の中国統一を成し遂げた始皇帝《しこうてい》は、**「いつまでも若いままで生き続けたい」という生への執着**から、実は猛毒である〝不老不死の薬〟を飲み続け、逆に老《お》いる前に命を落としました。彼の死を契機として、中国は混乱の時代へと進んでいきます。

また、ロスチャイルド家を世界屈指の大富豪へと押し上げた、19世紀イギリスのネイサン・ロスチャイルドは、生涯、金儲《もう》けにしか強い関心を持たず、その**欲望に忠実で、「ずる賢すぎる」ともいえる策略**を行ない、莫大《ばくだい》な財を築きました。

愛、若さ、富、権力……に対する彼ら・彼女らの欲望が歴史を牽引《けんいん》し、世界を変えていったことは間違いありません。

しかし、**時に衝動的であり、破滅的でありながらも、愛や欲望に翻弄《ほんろう》される人間の姿ほど、命のきらめきに満ちた、ロマンティックなものはありません。**

いつの世にも変わらぬ、人間の業《ごう》がそこにあるのです。

本書で取り上げるエピソードには、時にあまりにリアルであるがゆえに、虚飾のないむき出しの人間の姿があります。

世界史の隠し持つ、熱い血と感情の通った〝濃密な人間ドラマ〟を、ご覧いただきましょう。

堀江宏樹

もくじ

1章　その「愛」と「欲望」が、歴史を動かした

——なぜ愛したのか、なぜ求めたのか

4章 幻のような「夢」を追い求めて

――それは〝この世ならぬもの〟

5章 富・権力への——見果てぬ野望

——そのためなら、人は簡単に裏切る

6章 破滅への衝動……人は静かに堕ちる

——こうして、運命の歯車は狂ってゆく

イラスト・にしざかひろみ

1章　その「愛」と「欲望」が、歴史を動かした

——なぜ愛したのか、なぜ求めたのか

アントワネットとフェルゼン……運命を変えた逃避行

マリー・アントワネット王妃とルイ16世たちが、パリのテュイルリー宮殿を脱出していったのが1791年6月21日深夜0時を回ってからのこと。

マリー・アントワネットの悲劇の運命を決定づけた「ヴァレンヌ逃亡事件」の幕開けです。当初は20日の夜中には決行予定だったのに、遅れたスタートでした。

すでにフランスに革命政府は樹立され、その勢いに圧《お》された**国王夫妻はついにパリを脱出し、アントワネットの故郷であるオーストリアを頼る**ことを決めました。

国王夫妻の身柄は当時、パリのテュイルリー宮殿内に幽閉《ゆうへい》された状態でした。そんな状況に不満なはずのルイ16世とアントワネット王妃が「外国に逃亡するのではないか」という噂は、フランス中で囁《ささや》かれていました。

逃亡計画を主導していたのは、スウェーデン貴族のアクセル・フォン・フェルゼンです。彼はこの計画に個人資産をすべてつぎ込むだけでなく、自らの愛人女性からも大金を借りていました。一説に、フェルゼンが用立てた金額は150万リーブル、現在の日本円に換算すると百数十億円といわれます。

忠実な騎士と、心配性すぎた王妃

しかし、そんなフェルゼンの騎士《きし》のごとき献身をもってしても、彼が心から慕《した》うマリー・アントワネットの頑迷な主張を退《しりぞ》けることはできませんでした。

まず、王妃の強い要望で準備されたのは、豪華で重たく、6頭もの馬に曳《ひ》かれて動く巨大馬車でした。

フェルゼンは当初、アントワネットに「家族は分かれて逃亡したほうが安全」だと説きましたが、彼女はあくまで、家族で一緒になって逃げたいと主張したのです。

とはいえ、いくら深夜にせよ、宮殿から巨大で目立つ馬車に乗り込むことはできません。そのため一行はまず、バラバラになって、さほど目立たない複数の馬車に乗って宮殿から脱出し、パリの街角に止めていた例の巨大馬車で合流することになんとか成功しました。

逃亡計画開始から4時間経った、6月21日早朝5時すぎ。

革命政府がテュイルリー宮殿内に国王一家がいないことに気づきます。そのときまだ、国王夫妻の馬車はパリから20キロ程度離れた、ボンディという街あたりにいました。夜中も民衆たちがうろついていたため、パリから出るのに手こずったのでした。

巨大な馬車の内部には、外国人貴族に変装した国王夫妻やお付きの女性たちが乗り込んでいました。**アントワネットは、ロシア貴族・コルフ夫人として馬車に乗り込みます。**子供たちには「仮装舞踏会に行く」と言いくるめていました。

6頭もの馬に曳かせたにもかかわらず、彼らの馬車の速度は遅かったといわれます。なぜなら巨大馬車には、アントワネットの主張により、8樽ものワイン、高価な銀食器や調理用コンロ、新調されたドレスや礼装の入った衣装箪笥《たんす》までが積まれていたからです。

こうした大荷物だった点がよく非難されますが、これらのものは、逃亡に成功して安全圏に入ったときに、フランス王家としての威信を示すために必要でした。それに加え、いざというとき――役人に捕らえられた場合に、賄賂《わいろ》として与えることも想定していたのでしょう。

しかし、そのようなアントワネットの心配性が、馬車を重くし、逃亡のスピードを遅らせ、墓穴《ぼけつ》を掘ったことは否定できません。

ルイ16世がフェルゼンに「去れ」と命じた理由

悪条件の中、フェルゼンは御者《ぎょしゃ》に扮《ふん》して、馬を必死で駆りました。パリを出てからは半時間で20キロと、当時の馬車としてはかなり速く移動しています。ただ、そこに問題がありました。

われわれの想像以上に18世紀の馬車の乗り心地は、よくありません。道路の舗装《ほそう》状態が悪い上に、19世紀になるまでショックアブソーバー（衝撃吸収材）は発明されておらず、18世紀末の当時はどんな高級馬車にも搭載されていなかったのです。しかもパリを出てからは大急ぎで走らせたのですから、あまりの揺れの激しさに、国王夫妻一行は閉口するどころか、生命の危機すら感じたかもしれません。

パリから最初の宿駅・ボンディで、ルイ16世はフェルゼンに馬車から降りろと言い放ち、頑《がん》として譲らなかったというのが、筆者がそう考える証拠になります。

フェルゼンは、計画の最後まですべて自分に任せてほしいと懇願《こんがん》しますが、国王は首を縦には振りませんでした。

歴史家アンドレ・カステロは**「自分の妻の愛人の、あるいは少なくともそれに近い存在として皆が認めている人物（＝フェルゼン）の庇護《ひご》のもとで旅することを、快《こころよ》くは思わなかったのであろう」**と言っていますが、それも否定はできません。

しかし、そんなロマンティックな理由以上に、フェルゼンのスピード運転に国王が参ってしまったという要素こそ、考えなくてはならないでしょうね。

肥満体型の国王は、若い頃から大食と錠前《じょうまえ》作りだけが趣味でした。逃亡前はふだんどおりに振る舞っていたので、たくさん食べていたはずです。激しい馬車の振動に感じる胃腸の不快感は、他の者たちよりも、いっそう大きかったのでしょう。嘔吐《おうと》しそうだったのかもしれません。

フェルゼンは打ちひしがれながらも、最後まで御者としての演技を続けました。馬車を降り、帽子を取って馬車の扉まで近づくと、

「アデュー、マダム・ド・コルフ！（さようなら、コルフ夫人）」

と震える声で囁いたフェルゼンを残し、一行の馬車は走り去っていきました。

フランス語の「アデュー」は、永訣《えいけつ》の挨拶です。もはや二度と会えないかもしれない相手に、永遠の別れを覚悟して告げる言葉でした。

ついに、パリからの追っ手に取り押さえられて

フェルゼンというリーダーが御者席の中央に陣取《じんど》り、6頭もの馬をコントロールし、他の二人の御者たちを統率していた時間は終わりました。ルイ16世の指示で動くようになった一行の歩みは、遅くなる一方でした。

6月ですから、夜は早く明けてしまいます。夜が明けると、ルイ16世はいっそうのんびりしたペースで馬車を運ばせることを命じました。

ルイ16世としては、脇目《わきめ》もふらずに疾走する巨大馬車は、逆に民衆から怪しまれると考えたのかもしれません。パリを脱出して逃げることへの大きな罪悪感もあったのかもしれません。しかし国王は、1杯のワインを飲むためにもわざわざ馬車を止めさせ、見たこともない豪華な巨大馬車に反応して寄ってくる庶民たちに話しかけ、わが子たちを外で遊ばせる時間まで設けました。

さらに**「身分を明かしてはならない」というフェルゼンの言いつけも守らず、国王

陛下として臣民たちと交流したのは、いくらなんでもダメでした。

アントワネット王妃はあくまで「ロシア貴族・コルフ夫人」として旅券を持っていたので（ちなみにルイ16世は、その従者を演じていた）、身柄の拘束はなかったものの、彼らの通った街々で「国王夫妻が逃亡中」という噂は立ち上っていました。

ついに21日深夜、ヴァレンヌという村で、国王一行はパリからの追っ手に取り押さえられてしまいます。目的地だった、フランスとオーストリア領ベルギーの国境近くにあるモンメディの町まで、あと一歩のところでした。

何もかもがあと少しなのに報《むく》われない、運命に見放された絶望の中にあっても、マリー・アントワネットは国王を庇《かば》いました。「国王あってこその王妃」という立場を崩《くず》さなかったのです。立派な態度です。

しかし彼女がもっと「悪女」だったなら……のんきな国王を縛り付けてでも、スピード逃亡に協力させられていたならと思わずにはいられません。

6月の熱い太陽に照らされながら、1日で来た道を3日かけてジリジリとパリに連れ戻された国王夫妻を待っていたのは、猛《たけ》り狂う民衆のヤジと「王権の剝奪《はくだつ》」という革命政府の判断でした。

絶望的な状況下――二人はいつ〝結ばれた〟か

すべてを失ったのは国王夫妻だけではありません。フェルゼンもそうです。国王夫妻の逃亡失敗を知り、ブリュッセルに向かった失意のフェルゼンを迎えたのは、彼の長年の愛人エレオノール・シュリヴァンでした。

こう書けばいかにも、18世紀風の乱れた男女関係のように思われますし、アントワネット王妃とのプラトニックな関係ではフェルゼンは満足できなかったから、愛人も持っていたのだという学者もいます。

そういう側面も否定できないでしょうが、自分も愛人を持つことで、ルイ16世からの嫉妬《しっと》を多少なりともかわそうとしていたという側面もまた否定できないように思われます。フランス国王の臣下ではない、つまりフランス貴族でないフェルゼンが、全財産をなげうってまで国王夫妻の逃亡に協力するのは、アントワネット王妃への愛ゆえなのは誰の目にも明らかでしたから。

このとき、フェルゼンはブリュッセルから、スウェーデンにいる妹に悲壮な決意の手紙を書いています。

「一縷《いちる》の望みが残されている限り、私はあの方々（＝フランス国王夫妻）にお仕えしようと心に決めたのだ。そう思えばこそ今の私は支えられ、また数々の苦しみを完全に乗り越えることもできたのだ」

7月、彼は支持者の手を通じて、アントワネットからの2通の手紙を受け取ります。そこには、

「今こそ申し上げます。あなたをお慕いしております」

という一節が含まれていました。

9月には、国王夫妻救出のための絶望的な努力を重ねるフェルゼンのもとに、王妃によって監視の目をかいくぐって送られた指輪が、奇跡的に到着しました。

その翌年、1792年2月13日深夜、フェルゼンは国王夫妻が監禁されているパリのテュイルリー宮殿への侵入に成功します。そして隠し小部屋でアントワネットとの再会を遂げます。ほぼ8カ月ぶりにみる王妃の衰弱《すいじゃく》ぶりに、フェルゼンは驚かされました。

翌朝までフェルゼンは宮殿を発《た》たず、「そこにとどまった」と日記に書いています。

この簡潔な記述は、人々の憶測を呼びました。また、王妃もその夜、フェルゼンが宮殿にやってきていることを国王に告げはしませんでした。

二人は隠し小部屋で「逃亡計画についての密談しただけ」ともいわれますが、その手の説明は、彼らの真摯《しんし》な愛を逆に汚すものでしょう。

運命はそれ以上の奇跡を二人に許さず、それが永遠の別れとなりました。

翌14日、フェルゼンはルイ16世と面会しますが、再度の逃亡計画の提案を、ルイ16世は即座に拒絶しました。

その後もフェルゼンは、国王夫妻の救出計画を進めようとしますが、うまくいきません。

そしてついに翌年、1793年1月21日のルイ16世の処刑に続き、10月16日、でっち上げのような裁判によって、「いかなる証拠もないまま」アントワネットも処刑されたと知ると、フェルゼンは気がふれたようになりました。

彼女の死の知らせの後、例の愛人エレオノールを通じて、フェルゼンに届けられたアントワネットからの最後の手紙には、

「さようなら。私の心はすっかりあなたのものです」

とありました。

打ちひしがれたフェルゼンは他の愛人女性たちと別れ、スウェーデンに帰国し、鬱々《うつうつ》とした日々を過ごしました。

フェルゼンと同い年だったアントワネットは、彼の記憶の中で永遠に若いままです。

しかしフェルゼンは人生の目的を失い、ただ一人年老いていくだけでした。

最愛の王妃を失ったフェルゼンの〝非業の死〟

アントワネットの死から、約17年が経った1810年、フェルゼンがスウェーデン王太子を毒殺したという悪質な噂がたちました。

それでも王太子の葬儀に現われたフェルゼンに、怒れる暴徒たちが襲いかかります。暴徒たちはフェルゼンを馬車から引きずり出し、その服を引き裂《さ》き、唾《つば》を吐きかけ、彼が息を引き取るまであらゆる暴力を加えました。しかも彼の遺体は裸にされたまま、長い間、打ち捨てられていました。

それが6月20日のことです。

彼の無残な死が、あの「ヴァレンヌ逃亡事件」と同じ6月20日のことだったと知ると、人々はあらためて、フェルゼンとアントワネットが同じ不幸の運命の星のもとに生まれた者同士だったのだと噂しました。

英雄ナポレオンを絶望させた、冷血の皇后マリー・ルイーズ

1814年4月4日、ナポレオンの二番目の皇后マリー・ルイーズは、夫がフランス皇帝の地位を失ったと知るやいなや、熱烈な励ましの手紙を書きました。

「あなたと不幸を分かち合い、慰《なぐさ》め、役に立ちたいのです。妻として、夫の悲しみを和《やわ》らげたいと思っているのです」

手紙には、彼女の涙の跡が残っていました。

ナポレオン退位に従い、マリー・ルイーズは、彼らの息子・ローマ王（ナポレオン2世）とともにパリを脱出、ブロワ城に身を潜《ひそ》めていました。

それでも彼女は勇気を振り絞り、フォンテーヌブロー城に幽閉されているナポレオンにひと目会おうと、馬車に乗り込みます。

しかし、マリー・ルイーズの馬車に同乗した女官のモンテベロ夫人は道中、彼女に

囁き続けました。

「今、あなたがなすべきことは、ナポレオン様のところに向かうことではありません。いち早くあなたの父上であるハプスブルク家のフランツ皇帝に面会し、ナポレオン様とローマ王の身柄の保障だけでも頼むことではないでしょうか」

……この結果、マリー・ルイーズの気は変わりました。

中継地点のオルレアンから、マリー・ルイーズはナポレオンに手紙を書きます。

「**今すぐにはあなたのところに行かないことにしました。**まず、父（＝ハプスブルク家のフランツ皇帝）に会おうと思うのです。（あなたが流される）エルバ島でのあなたの待遇改善と、私たちの息子のため」

と訴えるマリー・ルイーズの気持ちに、ウソはなかったと思われます。

しかし、ナポレオンにとっては大きな衝撃でした。彼にとってさらなる衝撃は4月12日の夜、訪れました。出国準備を進めていた妻と息子が、ハプスブルク家の使者を名乗る男によって連れ去られたというのです。

絶望したナポレオンは、毒をあおって死のうとしました。しかし、ナポレオンが自殺に使った毒はあまりにも古く変質していたので、死ねず、エルバ島に流刑《るけい》されるこ

とになりました。

囚《とら》われの身となったのちも、マリー・ルイーズの「善良な父は、私の涙に感動し、きっとあなたの運命も変わるでしょう」という言葉を彼が信じていなかったはずはありません。

ナポレオンは、最初の妻・ジョゼフィーヌを「子供が望めないから」という理由で1810年に離縁し、同年に二人目の妻となるマリー・ルイーズを、ヨーロッパ一の名門ハプスブルク家から迎え、皇后としていました。彼女は当時19歳で、ナポレオンより26歳年下の花嫁でした。そして1811年には、念願かなって息子・ローマ王に恵まれたのです。

しかし先述のとおり、マリー・ルイーズとの結婚生活も愛情も、1814年4月、ナポレオンの退位とともに終わることとなったのです。

信じられない早さでの〝心変わり〟

オーストリアに戻り、父のフランツ皇帝に面会したマリー・ルイーズは、ローマ王の安全と将来の約束を取りつけることに成功します。

しかし、エルバ島に流されたナポレオンの待遇改善要求は、やがて行なわれなくなります。父・フランツ皇帝がこっそり手を回したのでしょう、ローマ教皇庁から「ナポレオンとジョゼフィーヌの離婚を教皇庁は認めていない」という連絡が彼女に届いてしまったからです。

これはつまり**ナポレオンの正妻は現在でもジョゼフィーヌであり、マリー・ルイーズはただの内縁《ないえん》の妻にすぎないということにする**ことを意味します。おまけにナポレオンはポーランド貴族の出身の妻、マリー・ヴァレフスカという愛人との間に子供まで作っていたという、それまで秘められていた真実までもが告げられたのです。

失意に沈むマリー・ルイーズは、父の言いつけどおり、温泉保養地エクス＝レ＝バンに向かいます。**ここで彼女は、監視警護役のナイペルク伯爵とねんごろになってしまった**のでした。

愛人は駆けつけてくれたのに、妻は来ない……

さて……その頃、イタリアのエルバ島に流されていたナポレオンは、マリー・ルイーズが手紙で約束したとおり、フランツ皇帝を説得し、ローマ王を連れて自分のもとに駆けつけてくれる日が来るのを心待ちにしていました。自分が隠していた不都合な真実が露見《ろけん》したとは考えてもいません。

妻子が心地よく生活できるよう、ナポレオンは自ら率先してムリーニ宮（現在、エルバ島のナポレオン博物館になっている）の改装を行なっています。

ナポレオンは本来は緑色が大好きでしたが、ムリーニ宮の壁紙や家具の布地は、自分の趣味よりも一般的な感覚に従って、ブラウンや白を基調としたものにしていることには注目です。妻子とそこで暮らすことを第一に考えていたからなのでしょう。

そこに例のナポレオンのポーランド妻、マリー・ヴァレフスカがナポレオンとの間に生まれた子供たちをひき連れ、駆けつけてきます。

本来ならヴァレフスカの恩情に感謝すべきですが、ナポレオンは、なんと3日でヴァレフスカたちを追い返してしまいます。マリー・ルイーズと鉢合わせしたら気まずいと考えたからです。

しかし、マリー・ルイーズがエルバ島にやってくることは決してありませんでした。ナイペルク伯爵に夢中だったのです。

監視警護役のナイペルク伯爵は、「いかなる手段を用いても、マリー・ルイーズのエルバ島行きを阻止するように」というフランツ皇帝からの密命を帯《お》びていました。

このナイペルク伯爵が、さぞ若く美しい男性だったろうと想像する方もいるでしょう。ところが、彼は当時すでに42歳で、妻と5人の子持ちです。おまけにナポレオンとの戦争で右目を失っていました。

夫婦仲は傍目にはよかったが、ナポレオンを見捨てたマリー・ルイーズ

黒い眼帯をつけた彼の容貌は「渋い」かもしれませんが、「ハンサム」とは確実に違います。しかし文武両道の彼の物腰はやわらかく、馬を見事に乗りこなし、ピアノも達者でした。おまけにセンスのよい会話が楽しめたのです。

ナポレオンに涙の別れを告げてから半年も経たない秋頃、マリー・ルイーズとナイペルク伯爵は散歩の途中、雨を理由に入った山荘で、身体を重ねる関係になっていました。

しかし、マリー・ルイーズがナイペルク伯爵とあっさりと恋仲になってしまったのは彼女が冷淡だったからでもないと思われます。司令官ナポレオンと離れ、その洗脳が解けただけではないでしょうか。

思えば、ナポレオンは家庭の中でも司令官として振る舞おうとする男でした。

彼は**「女の頭脳の弱さ、思考の移り気な点、社会における（男性より低い）地位を考えれば、（男性に対する女性の）絶え間ない忍従を教え込まねばならない」**と、カンパン夫人という女性教育者を前にしても豪語しています。

ナポレオンは女性は男性によって管理・統制されているべきだと信じていました。いくら表面的に愛情深く振る舞ったところで、彼の女性観はそれに尽きます。

質の高い会話のできるナイペルク伯爵と、指令しか出せないナポレオンとでは、人生をともに歩んでいけると女性が感じるのは確実に前者ではないでしょうか。

幽閉生活でも、妻子のことが頭から離れず……

1815年2月26日、ナポレオンは幽閉先のエルバ島を脱出、フランスに帰国し、皇帝位を奪還《だっかん》するという復活を遂げます。

しかし心身の衰《おとろ》えは隠せず、「ワーテルローの戦い」で敗戦、復活劇は「百日天下」として終わりました（実際は95日間）。

ナポレオンの復活を聞いても、マリー・ルイーズはただ嫌悪をあらわにしただけでした。

再び囚われの身となったナポレオンは1815年10月、今度はイギリス領のセントヘレナ島に流されました。すでに胃がんを患《わずら》い、体調不良だったことを加味しても、セントヘレナ島での幽閉時代にナポレオンは一気に老け込みました。

髪は薄くなり、腹は出て、顔はむくみっぱなし……人々は**「ナポレオンの生命は戦争だったのだ」**などと囁きました（『ナポレオン伝』）。

3000人あまりの護衛の兵士たちとは別に、従僕、医者、側近たちをセントヘレナ島に連れ込んだナポレオンは、自分の最期の姿を彼らに記録させようとしていたと伝えられます。この期に及んでも、ナポレオンはマリー・ルイーズそして、二人の息子・ローマ王にメッセージを発しようとしていたのです。

ナポレオンが「ヒ素中毒」で死んだ、本当の理由

しかし、二人に生きて会う望みは、彼の中で消えていたと思われます。

セントヘレナ島で彼が暮らしたロングウッドハウスは、エルバ島のムリーニ宮とは異なり、家中の壁紙・家具の色は、ナポレオンが愛してやまなかったグリーンでほぼ統一されているのですね。

やや風変わりな印象を受けるほど緑色で統一された空間は、もう妻子とともに暮らすことはないのだというナポレオンのあきらめと絶望を表わしているかのようです。

しかも、この緑色ゆえに彼の寿命は短くなりました。

ロングウッドハウスは小高い丘にありましたが、周囲を湿地帯に囲まれています。この頃、壁紙や家具に張られた布地に使われていた緑の染料は、湿気に反応して腐敗《ふはい》するだけでなく、それにともなってヒ素ガスが発生するという代物《しろもの》でした。

彼の死の翌日に採取された遺髪からは、「常人の13倍」もの大量のヒ素が20世紀の調査で検出されています。家族が会いに来てくれないから、せめて自分が落ち着ける内装にしようと思ってしまったがゆえの惨事《さんじ》でした。

一時期はフランス皇帝にまで上り詰めたナポレオンの最期は、悲惨なものでした。何日もしゃっくりが止まらず、そこに激しい嘔吐や数時間ごとの下痢《げり》という凄惨な症状が加わりました。

そして運命の1821年5月5日、ナポレオンの意識はついに混濁《こんだく》し、死の間際に**「フランス、軍、軍の先頭、ジョゼフィーヌ」**などと意味のわからないことをつぶやきました。最期まで司令官であり続けようとしていたのかもしれません。

ナポレオン本人が、自分の心臓をマリー・ルイーズに贈るようにと遺言していたこともあって、医師たちによる遺体解剖が行なわれました。**心臓は取り出され、瓶《びん》に入れられましたが、マリー・ルイーズは受け取りを拒否。**結局、ナポレオンの遺体とともに埋葬されています。フランスのセーヌ川のほとりに埋めてくれというナポレオンの遺言もかなえられず、セントヘレナ島内に埋葬されたのでした。

ほぼ20年後の1840年になってナポレオンの遺体は、フランスへの凱旋《がいせん》帰国を果たすことになります。このとき、改葬されるにあたって調査されたナポレオンの身体は、剝製《はくせい》の防腐材でもあるヒ素を多分に吸い込んでいたおかげで、朽《く》ちる様子さえなく、ただ眠っているかのようだったそうです。

血塗られたボルジア家――チェーザレとルクレツィアのいびつな兄妹愛

豊かな長い金髪、ハシバミ色の瞳、天女のような美貌――。

イタリア・ルネサンスの美女と名高いルクレツィア・ボルジアの謎めいた人生は、彼女と兄・チェーザレとの異様な血の絆《きずな》によって、あやしくきらめいています。

「ルネサンスの悪女」と囁かれた理由

同時代人であるマキャベリの『君主論』の中で、乱世における**「理想の君主」**として称賛されているチェーザレが生まれたのは1475年のこと。チェーザレの名はカエサル、つまり古代ローマの英雄の名のイタリア読みです。息子にその名を与えた父親の野心が、手に取るようにわかりますね。

兄に遅れること5年、1480年にルクレツィアもこの世に生をうけました。

しかしチェーザレとルクレツィアの兄妹は本来、〝存在してはならない存在〟であったともいえます。

なぜなら二人の父親であるロドリーゴ・ボルジアは、生涯独身を強いられたカトリックの聖職者、枢機卿《すうききょう》だったからです。

彼らボルジア家には、常に悪評が付いて回りました。もとはスペイン系の外国貴族にすぎないボルジア家に権力を握《にぎ》られ、好き勝手されているのが、イタリア人には耐え難かったのでしょう。ボルジア家の面々は、事あるごとに叩《たた》かれました。

ルクレツィアはその美しい容姿と裏腹に「生粋《きっすい》の悪女」で、彼女と同様に美しい兄や父との近親相姦《きんしんそうかん》の罪を犯《おか》し、彼らに命じ

られるがまま、男たちを籠絡《ろうらく》しては、指輪に仕込んだ毒で殺し続けたなどといわれました。

確かにルクレツィアの恋人や夫たちの大半は、奇妙な死に方をしています。また、ボルジア家に関わった少なからぬ数の人物が、不審死を遂げたことは事実です。

現在では死因の検証は不可能ですが、当時はそれらの死は、ボルジア家に代々伝わる謎の毒を、ルクレツィアが使ったからだと信じられていたのです。

冷酷無比、目的のためには手段を選ばない親子

1492年、品行の悪さで何度も時の教皇から叱責《しっせき》を受けてきた不良枢機卿ロドリーゴが、教皇選挙を勝ち抜き、ローマ教皇アレクサンドル6世として即位します。

聖職者でありながら好色で強欲、贈収賄《ぞうしゅうわい》を平然と行ない、敵は手段を選ばず排除せんとしたアレクサンドル6世は、**「史上最悪の教皇」**とも呼ばれ、宗教改革直前の〝堕落《だらく》したローマ教会〟を象徴する存在の一人とされてきました。

しかし近年では、アレクサンドル6世は、イタリア侵略を試《こころ》みる外国勢力を退《しりぞ》けるために、善悪の概念にとらわれず行動していたにすぎないという説も語られています。

同じことは父・アレクサンドル6世の「懐刀《ふところがたな》」として、イタリア全土で暴れまわった息子チェーザレにもいえるでしょう。

目的遂行のためなら、どんな冷酷無比なことも事もなげにやってのけるチェーザレ。

そんな個性の強すぎる父と兄の間に挟《はさ》まれて生きざるをえなかったルクレツィア・ボルジアが、美しく気立てのやさしい女性だったことは、史料の行間からも感じられます。しかし、それゆえになぜ、彼女は自分の愛した男たちを次々と殺していった兄を、すんなりと許せたのか——という根本的な疑問が湧き上がるのです。

「近親愛」の噂は真実か？

少女時代のルクレツィアは父や兄たちとは離れ、修道院で静かに暮らしていました。無色透明だった彼女の運命が、毒々しい色に染まりはじめたのは、早くも13歳のとき。ジョヴァンニ・スフォルツァとの政略結婚が決定したのです。

スフォルツァ家はミラノの名門貴族で、ルクレツィアの父・アレクサンドル6世にとっては、教皇選挙の際に恩義ある家でした。

当初、アレクサンドル6世は娘とスフォルツァ家の男を結婚させることで、両家間の関係強化を目指していました。しかし、結婚させたのちの約4年の間にスフォルツァ家の政治的影響力が低下したため、彼は娘という重要な〝政治のコマ〟を、手元に回収することに決めます。

1497年、ルクレツィアが17歳のとき、夫ジョヴァンニ・スフォルツァとの結婚は無効だったと宣告されました。ジョヴァンニは、なんと枢機卿会議の席上で**「性的無能者」**という烙印《らくいん》を押され、離婚を命令されたのでした。これは事実無根だったため、激怒した彼は、**「ルクレツィアは、父や兄との間に近親相姦の関係がある」**と裁判所に訴え出ています。

しかしそのときすでに、チェーザレは父の命を受けて、ジョヴァンニの暗殺を準備していたと伝えられます。

ルクレツィアがこの兄の計画をジョヴァンニに告げたので、彼は命からがら逃走して助かったという逸話が残されました。

この件の真偽は不明ですが、いずれにせよチェーザレが、妹ルクレツィアに独特の固執《こしつ》を見せはじめるのは、この頃からでした。

ルクレツィアの周辺にいた男の〝あいつぐ不審死〟

１４９７年6月、ルクレツィアは再び修道院にこもります。

しかしこの6月には、ルクレツィアにとってはチェーザレに次ぐ2番めの兄・ホアンが何者かによって惨殺《ざんさつ》される事件も起きました。

奇怪なことに、教皇アレクサンドル６世は早々に殺人犯探しを打ち切ります。彼は葬儀で息子の名を絶叫して嘆いたにもかかわらず、その後は沈黙を守り通すなど、不自然な対応が目立ちました。

このため、**チェーザレとホアンが「お気に入りの妹」ルクレツィアを取り合った末、怒ったチェーザレにホアンは殺されたのだ**という噂が流れました。

また、翌１４９８年3月16日のことです。18歳になっていたルクレツィアはなんと修道院内で妊娠、男の子を生むというスキャンダルを起こしました。

ルクレツィアが生んだ男の子は当初、「ローマの子」と隠語めかして呼ばれ、後にはジョヴァンニと名付けられました。その子の父親は、アレクサンドル６世の雇《やと》っていた従者だったといわれています。

しかし、のちにその従者は、遺体になって川に浮かんでいるのが見つかりました。**「ルクレツィアの名誉を毀損《きそん》する行為をなした」として、チェーザレが従者を殺害させた**からだともいわれています。

イタリア統一を目指し、軍人となるチェーザレ

1498年中には、さらにルクレツィアを驚かせる事件が何度も起きています。それまでは枢機卿として、父・ロドリーゴの側近をつとめていた兄のチェーザレが法衣を脱ぎ捨て、ヴァレンティーノ公爵として軍人となったのです。

その後のチェーザレはイタリア統一を目指して傭兵《ようへい》を率《ひき》い、破竹《はちく》の勢いでローマ教皇領を拡大していきました。軍人としてのチェーザレの最大の功績は、イタリアだけでなくヨーロッパの中でも最も豊かとされるロマーニャ地方を、約3年間でスピード攻略し、教皇領にすることに成功したことでしょう。こうして、教皇は精神的権威であると同時に、物質的にも富んだ存在となりました。

教皇の権力が高まることは、教皇を中心にイタリアが一つにまとまる可能性が生まれたということと同義です。複数の君主による独立国家が林立していた当時のイタリ

アは、自由である反面、統率がとれず、他国に侵略されやすかったのです。

チェーザレは現役の教皇という〝世界の精神的支柱〟を父に持つ、特殊な存在です。そんな自分だからこそ、余人《よじん》にはないカリスマを発揮できるし、イタリアを統一するにふさわしい……そう考えていたのではないでしょうか。

チェーザレ・ボルジアの〝優雅なる暴虐〟

軍人になったチェーザレが取った手段は、狡猾《こうかつ》で、暴力と恐怖によって民衆を縛《しば》りつけるものでした。

中でも有名なのは、1502年12月26日、チェーザレが自分の腹心の部下だったレミーロ・デ・ロルカという軍人を殺し、その遺体を真っ二つに切って街の広場に捨てた事件です。

殺されたレミーロは、チェーザレが武力制圧したロマーニャ公国の実質的な統治を任されていました。また、ロマーニャの民衆による抵抗運動を封《ふう》じるためなら、いかに暴虐《ぼうぎゃく》に振る舞ってもよいと認められていました。

しかし、こうしてロマーニャの治安が短期間で平定されると、**チェーザレは憎まれ**

役を任せていた部下レミーロを粛清《しゅくせい》し、自らの手を汚すことなく、ロマーニャの民心を手に入れたのです。これはマキャベリが『君主論』で、チェーザレの「辣腕《らつわん》」を讃《たた》えるために使った有名な逸話です。

異様なまでに〝親しすぎる〟兄妹

1498年、ルクレツィアの次なる結婚相手が決められました。相手はナポリ国王の庶子《しょし》、アルフォンソ・ダラゴーニャという人物です。妹の結婚相手を決めたのは、兄チェーザレでした。

政略結婚ではありましたが、少し年下の夫との関係は満ち足りたものでした。しかし、その日々もつかの間、ルクレツィアの幸福はやはり兄の手で打ち壊されたのです。**夫・アルフォンソはボルジア家への謀反《むほん》の疑いをかけられ、男たちから襲われ、瀕《ひん》死《し》の重傷を受けた**のでした。例によって「気に入らない人物には、疑いをかけて殺す」というのがボルジア流ですから、謀反の真偽はわかりません。

ルクレツィアの献身的な介護によって、少し回復したアルフォンソは、庭を一人で散歩しているチェーザレを見かけると、怒りがこみあげ、発作的に矢を射かけるという愚行《ぐこう》をしでかします。

復讐の理由を与えてしまったアルフォンソは再び男たちに集団で襲われ、ベッドの上で首をくくって事切れるという不審死を遂げたのでした。ルクレツィアが一瞬だけ離れた隙《すき》の惨劇です。

しかし夫の死後、半年ほどが経つと、ルクレツィアは、未亡人となった彼女の館を訪れたチェーザレに「小走りで駆け寄り」、親しげに話しかけ、「抱きしめた」そうです。この彼女の反応をどう読み解いたらよいのか……。

兄の〝道具〟になることを、妹は喜んでいた？

歴史家たちは、チェーザレとルクレツィアの間にあった絆は、「恋愛感情ではない」といいます。二人の関係が本当はいかなるものだったかを証明する史料は残されていませんが、彼らの関係は一種の「愛」だったと筆者はいわざるをえません。

ルクレツィアにとって、兄は崇拝《すうはい》の対象で、いうなれば「神」だったのでしょう。

兄がいくら理不尽なことをしても、それは神に与えられた試練のようなもの。ルクレツィアは兄の暴虐について、ただ信じ受け入れるしかないと感じていたように思えてなりません。

「近親相姦」という言葉が想起させる関係のはるか斜《なな》め上をいく、特殊で濃密な「愛」の世界に二人はいたのではないでしょうか。

恋愛とは、他人同士が「家族」になるために経ていくプロセスです。しかし、もともと肉親であるチェーザレとルクレツィアに、そんなプロセスは必要ないのです。

敬愛する〝兄の道具〟に自分がなれること、いや妹の自分だけが完全な道具になれることに、ルクレツィアは大きな喜びを感じていたのではないでしょうか……。

ボルジア家伝来の毒薬「カンタリス」が招いた悲劇

1502年、ルクレツィアは父アレクサンドル6世の命で、再再婚することになりました。相手はイタリアを代表する名門貴族エステ家の嫡男《ちゃくなん》、アルフォンソ1世です。

しかし、今回は兄チェーザレの介入はなく、この結婚は彼女が死ぬまで続くことになりました。

しかし兄と父のもとを離れているルクレツィアの耳にも、アレクサンドル6世を「連続毒殺犯だ」と弾劾《だんがい》する世の声は聞こえていたでしょう。この頃から、教皇に仕える枢機卿たちが次々と不審死を遂げていたのです。世間では**教皇その人が、敵対する人物を毒殺し、財産を没収しているのだと噂**されました。

そして1503年8月5日、アドリアノ・ダ・コルネト枢機卿の宴に招待されていたアレクサンドル6世自身、そしてチェーザレまでが毒を盛られるという事件が発生します。被害者になったというのに、これは彼らがコルネト枢機卿を毒殺しようと持ち込んだ、**ボルジア家伝来の毒薬「カンタリス」を誤《あやま》って自分たちのグラスに入れてしまったから**ともいわれました。

アレクサンドル6世はそれから約2週間後の8月18日、亡くなります。毒のせいか、遺体はすぐさま腐敗しはじめました。「人間の形とは思えぬくらい」膨《ふく》れ上がった教皇の遺体はローマで公開されました。

教皇が毒殺を繰り返した結果、自らも毒によって、しかも自分のミスで死んだと信じた民衆は「ざまぁみろ」と沸《わ》き立ったそうです。

チェーザレは命を落とすことはありませんでしたが、**その美しくも野性的な容貌は完全に失われ、顔は醜《みにく》く変形、髪も髭《ひげ》も抜け落ちてしまっていた**といいます。

それでもチェーザレは、イタリア統一の野望を成し遂げようと再起します。しかし教皇という強力な後ろ盾をなくし、体調も戻らぬままの彼は捕縛《ほばく》されてしまいます。そして1506年、スペインに流されるのですが、幽閉先を脱出、スペイン中で転戦を繰り返す中の1507年3月、ついに壮絶な戦死を遂げました。

兄の死の知らせは当初、妊娠中のルクレツィアには聞かせず、とりあえず「負傷した」とだけ伝えようと配慮されました。しかし彼女の動揺は激しく、これは逆に真実を知らせたほうがいいということになり、彼女は苦しみ嘆きます。

それでもやがて彼女は、貴族の妻としての日常に立ち戻ります。夫との間にその後も何人も子供を授かったのちの1519年、難産が原因で亡くなりました。39歳でした。

フランス史で最も〝みだらにして魔性〟な王妃マルゴ

フランス史上最も恋多き、そして最も「みだらな王妃」と囁かれる、マルグリット・ド・ヴァロワ。

複数ある彼女の肖像画の中で共通するのは、真っ白な肌、大きい二重の目、ぼってりと分厚い唇、そして不安げな表情です。そんな彼女の美しさは、**「男を破滅させる」**とすら言われたそうです。魔性の色香の持ち主だったのかもしれません。

マルグリットの3人の兄たちも、彼女に夢中でした。兄たちから付けられた彼女の愛称が「マルゴ」でしたので、本稿でもそう呼ぶことにしましょう。

「最低最悪の情事」の噂は、いつから生まれた？

マルゴは1553年5月14日、ときのフランス国王アンリ2世を父に、王妃カトリーヌ・ド・メディシスを母に持つプリンセスとして生まれます。

おとなしい少女だったマルゴが急変し、その「みだらな本性」をあらわにしたのは早くも11歳の頃でした。このとき彼女はすでに、「大人の愛」を知っていました。詳細は不明ですが、アントラーグやシャランといった名の愛人が複数いたそうです。

マルゴも自身を、「奔放《ほんぽう》な女だった」と回想録『思い出の記』で認めています。

マルゴの兄は3人いましたが、マルゴに異様なまでに執心し続けたアンリ3世は、フランス史上、最も嫌われ、人気のない国王として現代でも有名です。

彼は奔放すぎるマルゴの男性関係に苦言を呈《てい》し続け、マルゴ本人も認めているように妹に近親相姦めいた感情を抱いていました。

ただし、次のような内容までは真実ではないと筆者は考えます。

「同じ穴のムジナの3人（＝ヴァロア家の王子3人）が欲望に溺《おぼ》れてご乱行の最初の獲物（＝マルゴ）を手に入れた

乱痴気騒《らんちき》ぎの挙げ句　二人のゲス（＝のちのアンリ3世とマルゴ）どもは間違いなく近親相姦の情事を続けた」

これは、のちにマルゴの夫となるアンリ・ド・ナヴァールの家臣によって書かれたとされる詩文です。ヴァロア王家を憎む彼は、**「マルゴの初めての相手が兄・アンリ3世だった」**という悪意ある風説を広めた、最初期の人物であろうと考えられます。

近親相姦は、キリスト教的倫理の中では最低最悪の行為でした。だからこそ、ヴァロア王家を誹謗《ひぼう》中傷するにはもってこいだと考えられ、マルゴと兄たちの関係を邪推した文書も乱れ飛んだのです。

それでも、王家がこの手のデマの類《たぐ》いに反論することは避けねばなりません。悪意ある人たちと同じ土俵《どひょう》に乗ってしまうからです。

体臭に耐えられない夫との「愛なき結婚」

しかし、マルゴへの「みだらな女」という評価には、反論できないところがあります。実際、マルゴの「不品行」は彼女が成長するにつれ激しくなっていたからです。

18歳当時のマルゴが入れあげていたのは、2歳年上の従兄弟《いとこ》ギュイーズ公という金髪の美男でした。

情熱に燃える若い二人はそこら中で愛し合いましたが、ルーブル宮殿の廊下でその

真っ最中の姿が目撃されてしまい、国王になっていた兄・シャルル9世のもとに苦情がきました。マルゴは折檻《せっかん》を受け、この恋人と引き離されています。

1572年、19歳のマルゴについに夫があてがわれることになり、母カトリーヌ・ド・メディシスの主張によって、王家の遠縁にあたるアンリ・ド・ナヴァールに白羽《しらは》の矢が立ちました。背は164センチと低めでしたが、愛嬌《あいきょう》のある顔の持ち主でした。

しかしナヴァール家は、マルゴとの結婚の打診を嫌がりました。ナヴァール家は、フランス国内のユグノー派（＝プロテスタントの一派）の指導者的存在です。それなのにカトリーヌは結婚の条件として、アンリ・ド・ナヴァールがカトリックに改宗するよう要求しましたし、マルゴも風評の悪い娘でした。しかし、カトリーヌは無理やり縁談をまとめてしまい、アンリはカトリックに改宗させられました。

マルゴのほうも、アンリとの結婚を嫌がりました。情事の数は多くても、誰でもよいわけではありません。**アンリの容姿は、田舎者めいていて、とくに彼のきつい体臭が我慢できなかったと、**マルゴはのちに「回想録」で語っています。

マルゴはカトリック教徒なので、結婚すれば離婚は困難です。ですから結婚式の途中で「アンリとの結婚を認めるか」という司祭からの問いかけに、すぐに答えられずにいました。

そんなマルゴに業を煮《に》やした兄のシャルル9世が、マルゴの首筋に背後からゲンコツをお見舞いし、無理やりにせよ彼女が頷《うなず》いたように見えたので、儀式は無事（？）続行されました。

結婚を祝う国民が殺され、血にまみれるパリ――

二人の結婚の4日後の1572年8月24日、マルゴの母にしてカトリックの狂信者であるカトリーヌ・ド・メディシスが悪名高い**「サン・バルテルミの大虐殺」**の事件を引き起こしてしまいます。

娘とアンリ・ド・ナヴァールの結婚を祝うためにパリを訪れたユグノー派の人々を見て、カトリーヌは彼らを一掃《いっそう》するチャンスだと思い、惨殺《ざんさつ》を断行したのでした。まさに狂気の行ないです。

「これは呪われた結婚だ」と世間の誰もが感じたことでしょう。

パリにはユグノー、カトリック双方の死体が転がり、大量の血が流されました。暴動は地方にも広がり、何万人もの命が奪われたのです。

アンリの身柄も、ユグノーの指導者に返り咲くことを恐れられ、ルーブル宮殿に幽閉されました。彼は1年後の1573年に逃走に成功するまで、そこで暮らしました。

ここまでして結婚したマルゴとアンリでしたが、やはり二人は合わず、それぞれに大っぴらに愛人を持っていました。両者はあくまで、王侯貴族のつとめとして結婚したにすぎないのですね。

それどころかマルゴは例の「回想録」で、「私が夫に嫉妬していたと思われるのは心外だ」などと、繰り返し主張しています。よほど、夫に男性としての興味を感じられなかったのでしょう。

斬首された恋人の首にキスをしたという「伝説」

それにしても、マルゴの奔放さについてはどう考えたらいいでしょうか?

アレクサンドル・デュマによる『王妃マルゴ』などには、彼女は最愛の恋人――

ラ・モール伯爵という美男との仲を引き裂かれた上、彼を冤罪《えんざい》で殺されてしまう悲恋を経験したために、貞操《ていそう》観念がおかしくなったのだという逸話が登場します。

　しかし、これはかなりの部分で「創作」です。

　たしかに実在のラ・モールは、政治闘争に巻き込まれ、１５７４年５月、クレーヴ広場で斬首《ざんしゅ》刑にされました。さらにその後、引き裂かれた彼の遺体はパリで晒《さら》しものになりました。

　マルゴは勇敢にも、夜の闇に紛《まぎ》れてラ・モールの首を街角まで取りに行き、冷たくなった彼の唇に接吻《せっぷん》しました。

　そして防腐処置をほどこしたラ・モールの首を「小物入れ」に収め、自らの手でモンマルトルの墓地の土をかき分け、埋葬までしてやったそうです。

死んだ恋人への愛は永遠といわれますね。しかし史実で見る限り、マルゴがしんみりしていたのはわずか数日のことで、1週間ほど経つと、サン・リュックという宮廷の従者だった少年を押し倒していました。その後すぐに彼にも飽きて、別の貴族男性とねんごろになっています。つまり、マルゴの人生には、ラ・モール程度の恋人は珍しくはなかったようです。

マルゴは誰かのことを好きになりやすいのです。そして肉体関係を結びますが、すぐに飽きてしまうのです。おそらく**マルゴは肉体は情熱的でも、心は冷感症気味**なのでしょう。だから、長く続く恋はできなかったのですね。

幽閉されても、下僕たちと〝遊んで〟晩年を過ごす

さて、シビアな現実のお話をしましょう。

1589年8月1日、アンリ・ド・ナヴァールが、次なるフランス国王に指名されます。新国王アンリ4世の誕生です。

愛なき結婚でいまだ結ばれていたアンリ4世の即位に従い、マルゴもフランス王妃となりました。問題だらけだったヴァロワ朝が終わり、ブルボン朝の誕生です。

しかしマルゴの身柄は1586年から、「不品行」——つまり男性問題を理由にユッソン城に幽閉されたままでした。

王妃となった後も、彼女の幽閉は続きました。

跡継ぎがいなかったことを理由に、アンリ4世とマルゴの離婚が成立したのは、結婚式を行なってから27年後の1599年のこと。

1600年にはイタリアからマリー・ド・メディシスがアンリ4世の再婚相手として嫁ぎ、その翌年には待望の王子が誕生しました。のちのルイ13世です。

マルゴが自由の身柄になったのはさらにその後、1604年でしたが、**彼女はユッソン城にいる男たちを、その身分の高低を問わずすべて籠絡しており、自分の好きなように〝使っていた〟ため、幽閉生活は決して不快なものではなかった**ようです。

その生涯の終わりまで、マルゴは身分を超えた多くの恋人たちと情事を重ねましたが、「運命の恋」と呼べるようなものは最後までなく、また子供も生まれませんでした。

マルゴは62歳で亡くなると、自分の莫大な財産を、息子のようにかわいがっていたルイ13世に相続させています。

中国皇帝が愛飲していた「媚薬」の恐ろしい効能

生まれた時代や場所によって、その人の幸福は左右されがちです。

たとえあなたが、たぐいまれな美少女に生まれていたところで、それが明《みん》王朝の12代皇帝・嘉靖帝《かせいてい》の統治する中国だったなら、美しさはむしろ不幸の源です。

あなたの人生は地獄の中で終わったかもしれません。

皇帝はなぜ「媚薬」にのめり込んだか

1368年、それまで中国全土を支配していたモンゴル民族による元《げん》王朝が滅亡、中国大陸の大多数を占《し》める漢《かん》民族による明王朝がはじまります。現在も北京にある紫《し》禁《きん》城を作らせたのは、この明王朝です。

明代の中国では、医薬に関する学問・本草学《ほんぞうがく》が非常に隆盛しました。中国で薬といえば漢方薬ですね。しかし、その発展の裏では、実に怪しげな薬も作られました。

当時の中国医学は、不老不死の神仙《しんせん》をたてまつる道教《どうきょう》あってのものでした。

道教では性行為一つとっても、不老不死に通じる効果があると考えます。

そのためでしょうか――明王朝の12代皇帝・嘉靖帝は、後宮の女たちと交わることにしか興味を示さず、媚薬を愛飲していました。

しかし、この「媚薬」は、実質的には「毒薬」だったのです。

『本草綱目《こうもく》』によると、媚薬の材料は、尿、乳汁、人血、精液、陰毛、（人の）肝臓、へその緒、そしてミイラ……中でも珍重されていたのが、なんと経血でした。

とくに、若く美しい処女の経血が珍重されました。美少女の初潮と、二回目までの経血はとくに最高品とされていたのです。

この貴重な経血と、水銀と混ぜたものを主成分とした**「紅鉛丸《こうえんがん》」**が、最高の媚薬とされました。現代人の目には有害な成分しか含んでいない紅鉛丸を、嘉靖帝は欲しがり続けました。

10代の美少女を何百人も集めて……恐るべき「媚薬製造法」

この手の怪薬を作るのは宮廷の医師ではなく、嘉靖帝がのめりこんでいた道教の道士たちの仕事です。

道士たちに勧められるがまま、紅鉛丸を飲む嘉靖帝ですが、「もっと飲みたい！もっとこれを作れ」という彼のために、**中国全土からよりすぐりの13～14歳程度の美少女300～400人が連行されてきた**のでした。そして恐るべきことに、紫禁城内に「経血牧場」が作られたのです。

美少女たちに与えられる食事は桑《くわ》の葉だけです。まるで蚕《かいこ》と同じ扱いを受けながら、水分といえば朝露を飲ませてもらえるだけ。この恐るべき環境下で、身体ごと「浄化」され、初潮の日を待つのでした。

３００～４００人と先程は書きましたが、このバラついた数字は不気味です。おそらく「浄化」中にかなりの数の少女が死ぬか、狂気におちいるかで「消えた」ことを意味しているように思われます。それに経血を提供できたとしても、その後、女性が無事に解放されたかどうかは、史料がないのでわかりません。

問題の紅鉛丸のレシピが残されているので、それをご紹介しましょうか。

処女の経血と水銀を混ぜた「紅鉛」に、熟しすぎて黒くなった梅の実を煮出した「烏梅水《うばいすい》」、さらに井戸水などを混ぜこんだペーストを、天日でじっくりと乾かします。

それを粉にしたものに、人乳で作った粉ミルク、辰砂《しんしゃ》（水銀と硫黄《いおう》の化合物）、乳《にゅう》香《こう》などを混ぜ、熱しながら練り上げ、丸薬《がんやく》にまとめるのだとか。

病み衰えながらも、女官と交わり続ける皇帝

その驚くべき効果は、嘉靖帝の身体に確実に表われました。**嘉靖帝は、一晩に10人以上と交わることができた**そうな。勢いにのった彼は、後宮中の女たちを手当たり次第に抱いて回りました。

しかし……薬の副作用も確実に表われ、行為中に相手を殺してしまうことすら増えました。

やがて昼夜を問わず、嘉靖帝は凶暴性が抑えられなくなりました。ある重臣が紅鉛丸の服用は止めるべきだと忠告すると、嘉靖帝は激怒し、その重臣を殺してしまいました。

怯えた女官たちが、皇帝に手をかけ……

1542（嘉靖21）年10月21日、立ち上がった15人の後宮の女官たちの手で、宮殿の一室で休んでいた嘉靖帝は寝込みを襲われます。

「衆寡敵せず《しゅうかてき》」の言葉どおり、**女性の力でも15人に身体を押さえつけられた上に首をヒモで締めつけられると、皇帝はあっけなく窒息《ちっそく》してしまいました。**

ところが嘉靖帝はすぐに息を吹き返し、今度はものすごい力で暴れだしました。女官たちは一斉に髪飾りを引き抜き、皇帝の身体中を突き刺したのですが、それでも嘉靖帝は動きを止めません。

流れる血、暴れ続ける怪物のような皇帝の姿に怖《お》じ気をなした一人の女官が、仲間を裏切り、皇后のもとに走ります。

だだっぴろい紫禁城ですから、騒ぎを聞きつけた役人たちが駆けつけてくるのにはさらに時間がかかりました。血の海に沈みながらも、虫の息にせよ、皇帝はまだ事切れていませんでした。

こうして女官たちは志半ばで捕らえられ、裏切り者の女官を含む全員が、皇后の命令によって惨殺されたのでした。

女官たちの証言で、主犯とされた王寧嬪《おうねいひん》という妃は、身体の一部を順番に切り落とされる刑を受け、苦しみ悶《もだ》えながら死にました。彼女の一族も処刑で命を奪われ、あるいは奴隷の身に落とされるなど、連座《れんざ》の罪を与えられています。

やがて嘉靖帝は回復しますが、その後、水銀成分をより増加させた薬を処方されるとコロッと亡くなってしまいます。すでに身体の解毒機能が限界を迎えていたのでしょう。

この事件はのちに「壬寅宮変《じんいんきゅうへん》」と呼ばれ、中国の後宮史に大きな爪痕《つめあと》を残しました。

2章　悲しくも強い「女」が欲したもの

――世界史を彩る、命のきらめき

自立した孤高の女 ココ・シャネルと男たちの物語

「シャネル」の創業者にして、伝説的なデザイナーであるココ・シャネルことガブリエル・シャネル。のちに彼女の語ったデザイナー哲学は、次のようなものです。

「『シャネルのファッション』と言われるのは好きではない。シャネルは、一つの『スタイル』。『ファッション』は廃《すた》れるが、『スタイル』は残る」

20世紀初め、急速に変わりつつあった社会の中で、シャネルは「スタイル」という不変の価値を作ろうとし続けた、孤高の女でした。

もし彼女が平凡な娘であれば、適当に稼げる男性を見つけ、結婚をもくろんだはずです。当時のヨーロッパ社会は、女性というだけで自由に生きることも、自立することもできないのが当然でしたから。

しかし、シャネルは自らの手で運命を切り開いていった……などと書けばカッコいいですし、それが事実でもある一方で、彼女は生涯、男性たちから金銭的援助をはじめとしたあらゆるサポートを受けていました。

シャネルは庶民の男の妻になるより、自ら仕事をする道を選びました。そのために、身分やステイタスの高い男たちの愛人になり、彼らから物心ともに援助され続けたのです。

パトロン男性の援助を受けて、世に出ていく

1883年、彼女はフランスの田舎・オーヴェルニュ地方の貧しい家庭に生まれました。本名はガブリエル・ボヌール・シャネル。

母親は若くして病死し、行商人の父親から育児放棄された結果、生きるために入らざるをえなかった孤児院や修道院での生活から逃れ、当時、一人前とされる年齢の18歳になったシャネルは、世間に飛び出します。

最初は堅実にお針子などをしていたようですが、あるときからクラブ歌手を目指すようになります。

「ココ・シャネル」という彼女が好んで名乗った通り名は、歌手時代の十八番『ココ

リコ』というシャンソンから取りました。ココという軽く、乾いた響きが気に入ったのかもしれません。

その後、彼女は、フランス軍の将校で牧場経営者でもあるエティエンヌ・バルサンと知り合い、彼の田舎の家に入り浸《びた》る上流の人々と付き合うようになります。エティエンヌとは、友情に気楽なセックスがくっついた、ぬるま湯のような関係でした。

1909年、シャネルは暇な田舎暮らしの中で作った帽子のセンスを友人たちから高く評価され、これでお金を稼げるのでは、と思いつきます。これが彼女にとっては大きな転機となりました。

パリのマルゼルブ大通りに帽子作りのためのアトリエを持つようになるシャネルを援助してくれたのも、エティエンヌでした。

しかし、その翌年にはシャネルは、エティエンヌの友人グループの一人、アーサー・カペルという英国人の男性に「乗り換え」ています。

そして、彼の援助でパリのカンボン通りに帽子屋「シャネル・モード」を開店。これはのちの「シャネル」社の原点ともいうべきお店でした。

才覚を発揮しても「結婚する女」には選ばれない

　1913年には、ヨーロッパの社交界が夏を過ごす場所として有名だったドーヴィルに「シャネル・モード」の2号店がオープン。第一次世界大戦後の1915年には、衣服のデザインも開始します。

しかしシャネルが心から愛したアーサー・カペルはシャネルとは結婚してくれず、英国上院議員の娘と政略結婚してしまいます。

　シャネルは「妻」には選ばれませんでした。上流階級出身の男は、同じ上流階級出身の女しか妻にしないのです。しかし二人は、愛人として、よき理解者として、その後も深い関係を続けていくのです。

　ところが1919年、アーサーは、南仏のリゾート地・コート・ダジュールに向かう途中に自動車事故を起こして死んでしまうのでした。

　幸せに手が届きそうで届かない、という絶望がなければ、デザイナーとしてのシャネルは生まれなかったでしょう。アーサーの死を嘆き悲しむだけの日々を捨て、シャネルはデザイナーとして生きる道を選ぶのでした。

男たちは、ビジネスを切り開く〝一つのルート〟

のちにシャネルが語った「欠点は魅力の一つになるのに、みんな隠すことばかり考える。欠点はうまく使いこなせばいい」といった言葉の裏には、彼女独特の価値観が表われています。

こうした発言から、「自立した女」というイメージの強いシャネルですが、その人生において、男性の庇護《ひご》を受けていなかった時期はほとんどありません。後年、彼女は「恋人には小指ほどの重さも負担をかけていない」と発言していますが、これは確実にウソです。それでも、**シャネルの「自立した女」というイメージがまったく損なわれないのは、彼女が結婚を目的に男たちと付き合おうとしなかった**ことが理由でしょう。

当時、女性は妙齢になれば結婚し家庭に入り、〝男性に従う存在〟になるのが普通だった中で、シャネルは生涯、独身を通しました。恋人の存在は絶えず、**男たちとの交流はシャネルにとって人生を彩るものであり、自らの仕事への支援を得るルート**でもあったのです。

絶えず恋人はいたが「一人」で生きたシャネル

20世紀初頭のフランス上流社会には、ロシア帝国崩壊によってフランスに亡命してきた多くのロシア貴族たちがいました。

シャネルはそのうちの一人、パブロヴィッチ大公の愛人となり、彼の知り合いであるロシア貴族たちのサークルにもぐり込むことに成功します。

「女は40を過ぎて初めておもしろくなる」という格言を残しているとおり、ちょうど彼女の人生も40歳を迎える頃、何度目かの大変化を遂げようとしていました。

パブロヴィッチ大公から紹介された調香師エルネスト・ボーによって生み出された、シャネル初の香水が「No・5」「No・22」でした。

これらの最大の特色は、そのシンプルな

ネーミング、それに人工ムスクといった、香水の素材としてはチープとされていたものをどんどん使った「まったく新しい香り」だったということです。あらゆる意味で既存の常識を覆《くつがえ》したこの香りの成功を、シャネルは確信していました。高級レストランなど上流階級の出入りする場に、さりげなく漂《ただよ》わせ、そこでの反応に手応えを得ていたのです。

シャネルの香水はその後、アメリカを中心に世界的なヒットを続け、ブランドの衣服の売上が下火になったときも経営を助けてくれました。

ナチス・ドイツの将校と不倫をした理由

第二次世界大戦中、フランスを占領したナチス・ドイツの将校とシャネルは恋愛関係にあり、戦後、それが罪に問われ獄につながれることになります。

シャネルの「ナチスの恋人」ことヴァルター・シェレンベルクは、ヒトラーの側近としてナチスの秘密警察ゲシュタポを統括していたハインリヒ・ヒムラーが重用した軍人でした。それだけでなくシャネルはこのシェレンベルクを通じて、ゲシュタポ関係者のディンクラージ男爵とも愛人関係になりました。

ナチス・ドイツとのつながりは、実はシャネルのみならず、他の上流階級向けのフランスのデザイナーにも見られました。その多くは、戦時中も仕事と資金を確保するための選択だったとは思いますが、シャネルの場合は、経営が苦しかったときにユダヤ系の商人に売り渡した香水部門「パルファム・シャネル」を取り戻したいという狙いがあったようです。

しかし、〝フランスの情報をナチスに流した女スパイ〟という疑惑も加わり、ナチの既婚者男性との不倫、それも複数との関係となると、世論は彼女に厳しい目を向けます。

そんな窮地のシャネルを助けたのは、やはり「昔の男」がらみの人脈だったのです。**戦前にシャネルと長年の愛人関係にあったイギリスの王室関係者・ウェストミンスター公爵が、英国首相のウィンストン・チャーチルを動かしてくれた結果、彼女は無事釈放され、スイスに亡命できた**のでした。

「20歳の顔は自然の贈り物。50歳の顔はあなたの価値がにじみ出る」

というシャネルの言葉もありますが、ナチの男性と懇意《こんい》だった第二次世界大戦当時のシャネルはすでに60代を目前としていたのです……。

彼女の「生涯の恋人」は、やはり仕事だった

晩年に達した頃、ようやくデザインの仕事こそが、シャネルの「唯一の恋人」となりました。

1955年、見た目は豪華ながら手入れのしやすいツイードという新素材を使った、いわゆるシャネル・スーツが開発され、アメリカのキャリアウーマンの間で評判を呼びます。こうしてデザイナーとしてのシャネルの黄金期が再び訪れたのでした。

「日曜日が嫌い。だって誰も働かないんだもの」と言っていたシャネルでしたが、彼女が亡くなった1971年1月10日は、まさにその日曜日でした。

死を悟ったシャネルは、心配する一人のメイドを前に、

「ほら……こんなふうにして、人は死ぬの」

と言いながら、静かに死んでいったそうです。87歳でした。

第二次世界大戦中にナチスに接近したことをなお責める世論があったため、フランス国内ではなく、スイスのローザンヌに彼女は葬られています。

『椿姫』のモデルとなった悲しき高級娼婦マリー・デュプレシス

19世紀のフランス・パリ社会には、**「ドゥミモンデーヌ」**と呼ばれる女性たちが存在、いや君臨していました。ドゥミモンデーヌとはフランス語で「半社交界の女」という意味で、**「高級娼婦」**のことです。

しかし「高級娼婦」という日本語のニュアンスと、実際のドゥミモンデーヌたちの姿には異なるところが多いように思われます。

たとえば、かつての日本の高級娼婦であった吉原の花魁《おいらん》たちがしょせんは籠《かご》の鳥であり、行動の自由をいちじるしく制限されていたのに対し、フランスのドゥミモンデーヌたちは自由に動き回り、おびただしい浪費と贅沢《ぜいたく》を楽しみました。

いや、それではただの高級愛人業の女性ですね。**ドゥミモンデーヌと世間から認められるには、自分のライフスタイルを芸術の域にまで高める**必要がありました。

ドゥミモンデーヌは女優業を兼《か》ねることもよくありましたが、彼女たちの本当のステージは舞台を降りてから。

自分の人生そのものをステージにして、自分自身を最高に光り輝かせるため、王侯貴族や大ブルジョワからの援助で生活する女たち……それがドゥミモンデーヌという存在の本質です。

ある一人のドゥミモンデーヌが、金持ち男からの陳腐《ちんぷ》な求愛をはねつけた辛辣《しんらつ》な会話は、パリ中でエスプリの見本としてもてはやされました。

「私は、太陽がバラの花を愛するように、あなたを愛しています」

と求愛されても、

「私は、月が太陽を嫌うように、あなたが嫌いだわ。あなたが起きるとき、私は眠り、あなたが眠るとき、私は起きるの」

などと即座に言ってのけるのです。

人気のドゥミモンデーヌには、女性からの支持さえ集まりました。生まれながらのお姫様には決して許されない社交界の泳ぎ方をする彼女たちは、どんな女性の心にも隠されている「〝悪女〟として振る舞いたい」という欲求と憧れを満たしてくれる存

在だったからです。

娼婦でありながら清純、天使のように清らか

しかし、中には毒婦めいた態度とは無縁の、清純さで知られるドゥミモンデーヌもいました。

「天使のような娼婦」と呼ばれ、のちに作家デュマ・フィスが『椿姫』のモデルにしたことでも歴史に名を残す伝説的存在となった、マリー・デュプレシスです。

19世紀末フランスの作家ギュスターヴ・クローダンによると、マリーには天性のエレガンスがありました。「華奢《きゃしゃ》で、顔色は青白く、地面まで届きそうな素晴らしい髪の毛」のマリーには「スターになる資格が充分備《そな》わっていた」そうです。

マリーは1824年1月15日、牧師と妾《めかけ》の間の子として、ノルマンディの村で生まれました。本名はアルフォンシーヌ・プレシスといいます。

妾とはいえ母親は没落した名家の出で、清らかさと俗っぽさが奇妙にいりじまった、マリーらしい生まれといえるかもしれません。しかし、その生まれゆえまともな結婚が望めず、学はないけれど美しかった彼女は15歳の若さで愛人業をはじめます。

17歳の頃には内務省勤めの某子爵《ぼうししやく》との間に子供も授かりますが、その男の子は子爵に奪われ、関係もそれっきりになりました。

その後、マリーはドゥミモンデーヌとして人気を博しました。その美しさと薄幸さが彼女の**「エレガンスを、最高の芸術にまで押し上げていた」**そうです。これは、マリーのファンだった作家ギュスターヴ・クローダンの言葉です。

19歳の頃のマリーは、高級住宅地のモンタボール街28番地の豪勢なアパルトマンに暮らし、起床は午前11時。朝食後は新聞を読み、ピアノの練習。フランツ・リストなど一流ピアニストが教えに来たそうです。

その後、昼のドレスに着替え、馬車でブローニュの森などを散策。午後は客との面会。夜は社交の場に出てダンスをするか、芝居を見に行きました。

とくに観劇を好みましたが、ドゥミモンデーヌである自分の生活を恥じ、贔屓《ひいき》の女優に手紙と花束を送るときも、なかなか名乗ろうとはしませんでした。

20歳の頃には、父親のような年齢のスタケルベルク男爵を愛人に持ちました。男爵はマリーに複雑な役回りを要求しました。マリーは男爵の愛人でありながら、彼の若くして亡くなった実の娘の身代わりでもあったのです。

この頃のマリーは、歯の美しさを褒《ほ》められたときに**「ウソをつくと歯が白くなるのよ」**という意味深な言葉を残しています。

身分違いの伯爵と〝運命の恋〟に落ち――

そんなマリーの運命に、大きな転機が訪れました。

パリ・オペラ座の仮面舞踏会で、彼女はエドワール・ド・ペルゴー伯爵とぐうぜん知り合い、彼からプロポーズを受けて、真剣に愛し合う関係になったのです。

実はマリーは、ペルゴー伯爵の姿を以前から見知り、ひそかに慕っていました。しかし、**ドゥミモンデーヌは恋い慕う男性がいたところで、自分からは愛を告白しないのが「掟《おきて》」**だったのです。

奇妙なルールと思われるかもしれませんが、ドゥミモンデーヌの世界では、男に与えるべき愛の濃淡《のうたん》は貢《みつ》がれる金額で決まります。ですから、深く付き合う男にほど莫《ばく》大《だい》な経済負担を約束させるというわけですね。

マリーの場合はこうした「掟」うんぬんというよりも、本当に愛する男性の負担になりたくないという、純粋な乙女心ゆえだったのかもしれません。そもそも、いくら愛し合ったところで、当時の上流階級の人々は10代で結婚しており、離婚もままならないという現実がありました。

しかし、伯爵はマリーと結ばれるため長年の妻と正式に別れ、他にいた愛人ともすべて縁を切ったのです。

二人は1846年3月21日、マリーが22歳のときに結婚しました。

しかし、この〝本気の愛〟はマリーを不幸《ふこう》にしました。

銀行家を親に持つ伯爵はパリ社交界屈指《くっし》の金持ちでしたが、長年の放蕩《ほうとう》生活での浪費に加え、離婚費用もかさみましたから、一文無しになっていました。残ったのは莫大な借金だけ。金策に走り回り、ほとんどマリーの顔も見にも来ず、一度もマリーに生活費を渡すことができませんでした。

マリーは伯爵夫人の称号を手に入れましたが、伯爵の代わりに借金を重ねる身の上となり、彼女が当時住んでいたマドレーヌ街のアパルトマンからは、次々に物が消えていきました。

生活苦もあったからか、以前から罹《かか》っていた結核が急激に悪化し、ベッドで寝込むマリーを無視するかのように債権《さいけん》者たちが部屋の中をうろつき回り、調度品を運び出していくのです。やがては死にかけているマリーをよそに、「窓のカーテンすら引き裂かれた」と、フランツ・リストは記しています。

「真実の愛に生きた娼婦」として絶大な人気に

人々がマリー・デュプレシスの姿を最後に見たのは、1847年1月末のこと。

パレ・ロワイヤルの劇場に現われた彼女は顔面蒼白、まるで透明な影のようで、両手に白い椿《つばき》の大きな花束を抱えていました。

椿だけでなく、どんな花も愛したという彼女ですが、白い椿の花束とともに現われることで「別れ」を人々に告げたのでしょう。フランスは現在でも葬儀では白い花を使いますからね。

それからしばらくした2月3日、マリーは結核性の熱にうなされながら亡くなりました。23歳になった直後の死でした。

マリーが亡くなると、父親代わりだったスタケルベルク男爵が葬儀を取り仕切ってくれました。彼女の数少ない遺品は競売にかけられましたが、ヘアブラシや古いショール、かわいがっていたペットのインコまでもが驚くほどの高値で、表の社交界の花形女性たちに売られていったそうです。

本当の愛を知ったがゆえに散っていったマリーの人気は絶大でした。

ドゥミモンデーヌになったのは、「人生の美しさと喜びが知りたかったから」と語ったというマリー・デュプレシス。10代後半にはすでに自分が結核であると気づいていた彼女は、高級娼婦となる道をあえて選んだのかもしれません。そして短い人生を、己の死で完成する舞台として生ききったのです。

亡き王妃の幻影を追いかけた……ナポレオン3世の妃・ウジェニー皇后

1826年、フランス最後の皇后と呼ばれることになる少女が、スペイン・グラナダに生まれました。第二帝政時代、ナポレオン3世の皇后となるウジェニー・ド・モンティジョです。

彼女の父ドン・シプリアーノはスペイン貴族でしたが、大のナポレオンびいきでフランス好きでした。また、家庭での会話にはフランス語が使われていました。ウジェニーが個性的すぎる父を失ったのは、13歳のときでした。子供たちの中で、成人できたのはウジェニーと、彼女より1歳年上の姉であるパカという娘二人でしたので、姉妹が父の爵位と財産を分け合うこととなります。

美しい少女でしたが、**どこか変わった性格のウジェニーは貴族の男性からのプロポーズを断り続け、「鉄の処女」という物騒なあだ名で呼ばれる**ようになっていました。

この男が「自分の人生を変えてくれる」という予感

そんなウジェニーの人生を変えたのが、ナポレオンの甥《おい》にあたるルイ・ナポレオンとの出会いです。

1830年、フランス・ブルボン家による復古王政の時代は終わりを告げます。するとルイ・ナポレオンは、ボナパルト家による天下再統一の実現を夢見て、政治活動に奔走《ほんそう》しはじめました。

1848年、22歳になっていたウジェニーはルイ・ナポレオンから招待を受け、フランスのパリにあるエリゼ宮での舞踏会に、母とともに参加することになります。

当時、ルイ・ナポレオンはフランス大統領でした（第二共和政）。**「自分はナポレオンの甥である」**という一点だけで、それも愛人女性たちの経済的な援助を受けてフランス大統領に就任していたのですから、なかなか自己肯定感の強い人物です。

さて、例の舞踏会の最中、「二人きりで密会しよう」とルイ・ナポレオンは前もって手紙で約束していました。しかも、ウジェニーとの待ち合わせ場所を、人が極端にいない庭のあずま屋にしようとするなど、その言動は露骨《ろこつ》でした。

すでにルイ・ナポレオンは41歳を超えていました。おまけに長年を女と酒に溺《おぼ》れる放蕩生活に費やしたことがたたり、実年齢以上に老け込んで見えました。

それでも、**ウジェニーはルイ・ナポレオンに「予感」、つまり彼に自分の人生を変えてくれる「可能性」を感じていた**ようです。

「私は寵姫の一人になどなるつもりはありません」

1851年12月、ルイ・ナポレオンは大統領の身でありながら、フランス政府に対してとつぜんクーデターを敢行《かんこう》、国民の圧倒的な熱狂的支持を得て、皇帝に即位します。ルイ・ナポレオンはこうして叔父の「大ナポレオン」のように、フランス皇帝の座にのぼりつめ、ナポレオン3世と名乗りました。

こうして第二帝政時代が幕を開けました。ウジェニーとナポレオン3世との交流は続いてはいましたが、これといった進展はありません。**ウジェニーは良家の令嬢であり、結婚まで処女は死守すべきなのです。**

一方、ナポレオン3世には多くの愛人＝寵姫《ちょうき》たちがいました。現代人の目には倒錯《とうさく》しているように思えるでしょうが、当時のヨーロッパの上流階級の女性が肉体関係をふくむ「大人の恋愛」を楽しめるようになるのは、結婚してからなのです。ナポレオン3世が、そうした気楽な恋愛を楽しめる人妻の寵姫たちに囲まれ、自分は独身のまま放蕩生活を続けたがっているのは明白でした。

しかし、26歳を超えていたウジェニーには、すでに当時の貴族女性の結婚適齢期を大幅に過ぎてしまっており、これ以上グズグズしたくないという気持ちがありました。

彼からプロポーズの言葉をもらうため、彼女は大胆な策に打って出ます。

「あなたは私を守ると言いながら、一度も約束を果たしてくださいませんでした。**私は皆様から噂を立てられ、あなたの寵姫と言われております。しかし私は、寵姫になるつもりはありません。**明日、イタリアに発つつもりです」

先に述べたように、ナポレオン3世の周りにいた女性といえば、既婚で遊び慣れした、色っぽいマダムばかり。ウジェニーのような生粋の処女は、ほぼ存在していなかったのでしょう。だからこそ彼女は、己の処女性を最終兵器として、ルイ・ナポレオンのハートに攻め込んだのです。

それは「賭《か》け」でしたが、彼は見事に彼女の術中に落ちてくれました。

ナポレオン3世は顔色を変え、ウジェニーに求婚、二人はめでたく婚約することに

なりました。外国の貴族女性にすぎないウジェニー「なんか」との結婚は身分違いではないかという非難も絶えない中でしたが、1853年に二人は結婚しています。
こうしてウジェニーは、27歳でフランス皇后の座を手に入れることに成功したのです。

夫の浮気に耐えながら、アントワネットの遺品を収集

しかし、結婚後半年も経たないうちに、ナポレオン3世の色好みの血は騒ぎはじめ、ウジェニーは一人で寝る夜が増えていきます。華やかで退廃《たいはい》的な第二帝政下のパリの空気に、ウジェニーは馴染《なじ》むことができず、

孤独でした。

夫の放蕩癖は覚悟の上でしたが、彼がかつての愛人女性たちのもとへと戻っていく様を見せられると、ウジェニーの心は深く傷つきました。

それでも夫婦の間に最初の子供が生まれたのは、結婚3年後のこと。しかしナポレオン3世が家庭に戻ることはありませんでした。

1860年11月のある夜、**書斎の扉をウジェニーが開けると、夫と知らない若い娘が丸裸で抱き合う姿が目に飛び込んできました。**怒りのあまり、ウジェニーは皇后としての責任も仕事もすべて放り出し、スコットランドに出かけ、1カ月も戻ってきませんでした。

孤独なウジェニーの心に忍び込んできたのが、亡きマリー・アントワネットの幻影でした。

オーストリアからフランス王家に嫁ぎ、王子・王女の母となるも真の理解者には恵まれず、外国人ゆえにフランスでの味方も少なく、不幸な結婚生活を送った末に革命で生命を落としたマリー・アントワネット。

そんな「悲劇の王妃」の人生に、ウジェニーはいつしか自分を重ねはじめ、マリー・アントワネットが使っていたという文机《ふづくえ》など、彼女にまつわるさまざまな遺品をコレクションしはじめます。

まさにそれは、亡き王妃の霊に取り憑《つ》かれたかのような熱狂ぶりでした。

亡き王妃と同じように、「外国人女」と民衆に罵られて

ウジェニーの思惑の外で、第二帝政は早くも末期を迎えていました。フランスの民衆は、ルイ・ナポレオンに叔父の「大ナポレオン」ほどの政治手腕はないことに気づきはじめたのです。

ナポレオン3世が宿敵プロイセン王国と普仏戦争を行ない、フランスを留守にしている1870年、ウジェニーはフランスの摂政《せっしょう》の座にありました。いわば皇帝の代理人として政治をとる身です。

しかし同年9月3日、彼女の耳に飛び込んできたのは、夫がプロイセン軍の捕虜《ほりょ》になったとの知らせでした。**皇帝が捕虜になるような不祥事は、あまり例がありません。**全戦必勝だった「大ナポレオン」の甥であり、自身もナポレオン3世と名乗っているにもかかわらずの大敗北……激怒した民衆が、ウジェニーのいるテュイルリー宮殿に

乱入してきました。

彼らの怒りの矛先《ほこさき》は、皇帝ナポレオン3世をダメにした「外国人女」ウジェニー皇后に向かったのです。

それはちょうど、マリー・アントワネットを「外国人女」と呼び、失政の全責任をなすりつけようとしたフランス革命時の民衆の姿を彷彿《ほうふつ》させるものでした。

ウジェニーは暴徒に殺されそうになって初めてイギリスへの亡命に同意、宮殿の裏口から脱出します。そして嵐の中を、沈みそうな小さなボートに乗ってイギリスに向かったのでした。

プロイセンの捕虜となったナポレオン3世は退位させられ、フランスでは第三共和制がはじまりました。ウジェニーはロンドンからほど近いチズルハーストという街に館《やかた》を構え、ナポレオン3世の到着を待ちました。

「不幸のうちに初めて、人は自分が何者であるかを本当に知る」というマリー・アントワネットの言葉を、このときほどウジェニーが痛感したことはないでしょう。

ウジェニーは夫や息子たちが再起してくれるはずだと信じていましたが、その夢はかないませんでした。

「女性のための社会活動」に余生を捧げる

ルイ・ナポレオンは結婚から20年後、帝政の崩壊から2年半というときに、膀胱結石《ぼうこうけっせき》の手術を受けたことが原因で1873年1月9日、亡くなります。64歳でした。

その後、ウジェニーにとってはたった一人の息子、ナポレオン・ウジェーヌ・ルイ・ボナパルトも、英領植民地・南アフリカで起きた反乱「ズールー戦争」に従軍、1879年6月1日、当地で戦死してしまいます。23歳の若さでした。

帝政の崩壊の次は、家族の死に襲われ……しかし失意のどん底を経験した後、ウジェニーは生まれ変わりました。**若い世代の女性が、女性に生まれたというだけで夢をあきらめなくてもよいようにと、社会活動に精を出すようになったのです。**

有力者の妻や母として生きる以外にも、社会で女性が成功する道があることに気づいたのでしょう。婦人参政権運動を奨励し、少女でもバカロレア資格（大学受験資格）を取得できるよう講座を支援したり、女性の医学部入学の道も開かせたりもしました。流されるがままの生活を送っていた皇后時代とは打って変わった、精神的な成長を見せています。

ウジェニーが亡くなったのは1920年7月11日のこと。94歳になっていました。スペインに姉（1860年にすでに死去）の孫を訪ねた旅の途中でした。白内障が進み、ほとんど目が見えない状態になっていたウジェニーは、「もう一度見えるようになるか、死ぬかだけです」と言ってスペインの地で手術に挑戦します。

手術後、視界は回復します。しかしフランスに帰る列車を予約した直後、とつぜん体調が崩れ、二度と戻ることはありませんでした。

亡くなったのは、帝政が崩壊した曜日であり、息子も死んだ曜日であるという理由で彼女が忌《い》み嫌っていた、日曜日の明け方でした。

19世紀ヨーロッパ社交界のスキャンダル女王、ローラ・モンテス

19世紀最大のスキャンダル・クイーンの称号は、ローラ・モンテスにこそふさわしいでしょう。スペイン風の響きの名前ですが、実際はアイルランド生まれで、本名はエリザベス・ロザンナ・ギルバートといいました。

生年や経歴に確かなものはありません。高級娼婦と呼ぶには、彼女にはダンサー・女優としての自己顕示欲《けんじ》が強く、しかしダンサー・女優と名乗るには、あまりに裕福な男性からの援助をあてにしすぎていた印象があります。

とにかくあちこちで**スキャンダルを起こし、それを自分の宣伝にしていた彼女の本業は、スキャンダル・クイーンだった**というしかありません。

ローラは自叙伝を残しており、同時代の人々の記録も豊富です。それらから謎めいた魔性の美女ローラ・モンテスの素顔を明らかにしていきましょう。

６歳のときに彼女は父を亡くし、母親は再婚して去っていきました。10代前半からロンドンの学校に通っていたローラは、15歳のとき、母親と再会します。

母親はトーマス・ジェームズ中尉という27歳の愛人を連れていました。

しかし**15歳にしてすでに、ローラは魔性の女として開花しており、なんと母親からこの中尉を奪って逃走**、当時イギリスの植民地だったインドに渡って結婚しました。

しかしローラは夫との結婚生活に早々に飽きてしまい、インドで浮名を流し、怒った夫から離婚訴訟を起こされ、関係は破綻します。若く、知識も財産もないローラでしたが、なんとか身一つで再びイギリスまで戻ってきたのです。

ピアニスト・リストとの、激しく情熱的な恋

結婚生活は自分には向いていないと考えたのでしょうか、ローラは次の結婚相手を探そうとはしませんでした。

１８４３年、**ローラはロンドンで「セビリア王立劇場のプリマ・バレリーナ」という偽《いつわ》りの肩書を振りかざし、初舞台を踏みます。**しかし、「あれはプリマなんかじゃない、（ローラがインドで離婚された）トーマス・ジェームズの妻じゃないか」とい

う至極もっともな野次が会場に響き渡り、公演は失敗に終わりました。

ロンドンではダメならばと、ローラは自分を知る者などいないブリュッセル、ベルリン、ワルシャワと各地のオペラ座とステージ出演契約を結んでいきます。**19世紀当時、舞台に立つ女性ダンサーの類はすべて、裕福な男性にとっては愛人候補生**でした。美貌を持ちスタイルさえよければ、ダンスの技術はそこそこでも舞台に立てるのです。

1844年にはドイツのドレスデンで、当地で暮らしていた天才ピアニスト・作曲家のフランツ・リストと知り合い、熱愛に落ちました。

当時のリストは、社交界のご婦人方から熱狂的な支持を集める、美しい音楽家でした。彼の情熱的なピアノ演奏に聴き入るファンの女性たちは身悶《みもだ》えし、中には失神する人までいました。

しかし、そんな二人の熱愛も長くは続きません。

注目を浴びることに病的なこだわりを見せ、王室の主催する夜会でもテーブルによじ登って下品に踊るローラに愛想をつかし、リストはとつぜん、彼女のもとを去っていきました。

ローラはリストの裏切りに怒り狂い、部屋中の家具を壊して回りました。しかしリストはそんな彼女の癇癪《かんしゃく》を予測し、家具付きアパルトマンの家主にたんまり現金を握らせていたというのですから、世慣れたものですね。

このような形で何人ものパトロンがつき、スキャンダルを飛ばすたび、男の名声に乗っからなくてもローラ自身が有名人となりました。彼女はヨーロッパ全土の社交界に羽ばたきます。

バイエルン国王を一瞬でとりこにした〝官能パフォーマンス〟

1846年にはドイツ・ミュンヘンに向かいます。ローラはバイエルン国王ルートヴィヒ1世と謁見《えっけん》し、庇護を依頼しました。

しかし、まじめな家庭生活を重んじるバイエルンの上流階級には、ローラの風評とそのセクシーな芸風は、うさんくさく思われました。バイエルンの宮廷劇場で行なわれた彼女の公演も、当然ブーイングだらけ。

しかし——そもそも宮廷劇場のステージにローラが立てた理由は、好色な老国王だけは、彼女がしっかりと籠絡していたからでした。

彼女のあまりに大きく見事な胸を見てのぼせあがった国王が「それ、本物なの?」

と聞いたところ、ローラは黙ってナイフを取り出し、胸元にツーッと刃を滑《すべ》らせてドレスの胸元を裂き、豊かな乳房をあらわにしました。国王の心は、このパフォーマンスに征服《せいふく》されてしまったのです。

彼女は国王からかわいがられ、女伯爵など複数の爵位を授かり、宮殿を与えられ、多額の年金まで受け取るようになります。

そんな二人を宮廷中が白い目で見ていたのはいうまでもありません。

こうして約2年間が過ぎました。

そして1848年、ミュンヘン大学の学生たちが中心となって、ローラの追放と色ボケした国王の退位を主張して立ち上がり、革命が起きました。

老国王は泣く泣く退位、長男に王位を譲り、ローラは国外追放されてしまったのでした。

セクシーな〝蜘蛛ダンス〟も、次第に飽きられ……

イギリスに戻ったローラは、すでに30代になっていました。
気に入らないことがあると彼女はすぐに鞭《むち》やナイフを振り回すので、暴行罪などの犯罪歴がありました。ヨーロッパでは地位ある男を手玉に取りすぎたので、結婚相手はおろか、愛人としてもお呼びがなくなったローラは海を渡り、アメリカへと向かいます。

新天地アメリカで、ローラは人気ダンサーとして返り咲くことができました。当時の彼女の得意技は、自ら考案した「タランチュラ・ダンス」でした。**自らの指を蜘蛛《くも》に見立て、それを、黒いシルクのタイトな衣装をまとった彼女の身体を這《は》い回っているかのようにセクシーに動かす**のです。

最後は舞台に落ちた蜘蛛を、身を震わせながら踏んで回る身振りでフィナーレという芸風は稚拙《ちせつ》でしたが、逆にそれが彼女の豊満な身体を引き立てるといって、一部の殿方には受けました。ただし演劇評論家からの評判は低いままでした。

アメリカでは、**ルートヴィヒ1世との日々や、ヨーロッパでの華やかな時代を自作自演で演じる悪趣味な劇の興行**でもローラは注目を浴びました。

しかし、ダンス、演技ともにローラに真の意味での才能はなく、次第にお客には飽きられ、晩年には見せ物小屋しか居場所のない芸人にまで彼女は落ちぶれていきます。

ローラが死んだのはニューヨーク・マンハッタンの屋根裏部屋で、死因は中風《ちゅうふう》または脳卒中だといわれています。1861年、一説に43歳での死でした。

かつて彼女が原因となってミュンヘンでは革命まで起きたというのに、彼女の葬儀には9人しか集まりませんでした。

末路はこのように悲惨でしたが、道徳や良識に縛られていては永遠に見ることのできない景色を、ローラは堪能できたのではないでしょうか。

チャーチルを英国首相に押し上げた美しすぎる母の「献身」

ナチス・ドイツなどを相手に第二次世界大戦を戦い抜き、戦後「不屈《ふくつ》の英雄」と讃えられた英国首相ウィンストン・チャーチル。

チャーチルは**「自分が偉大なことをなし遂げることができたとしたら、それは母のおかげである」**と言うだけでなく、**「美しい母を私は愛していた」**とも語っています。

「チャーチルの美しい母」ことジェニー・ジェローム・チャーチルは、19世紀末のイギリス社交界の花形でした。ある子爵の筆による彼女の姿を少し引用してみましょう。

あるパーティの席上、黒いシックなドレスをまとって現われたジェニーのカリスマ的な存在感は、主催者夫妻の姿をかすませるほど、輝いて見えたそうです。

「美しい髪には彼女の愛好するいつものダイアモンドがあしらわれていたが、その光《こう》沢《たく》も、きらきらと光を放つかのような彼女の目の輝きにくらべれば色褪《あ》せ」、「彼女の面影には女性よりもヒョウを思わせるところがあったが、（ヒョウが棲《す》む）ジャングルとは無縁の磨かれた知性がうかがわれた」

ダイヤも色褪せる瞳の持ち主であるジェニーは富裕で、美しく、知的。おまけにその生命力は、ヒョウにも喩《たと》えられるほど鮮烈だったのです。

ジェニーは1854年、ニューヨークの富裕な実業家の家に生まれ、イギリスのマールバラ公爵家出身のランドルフと結婚したのは1874年、20歳のとき。豪華客船上で行なわれた舞踏会に出席した二人は知り合い、強く惹《ひ》かれ合い、出会いから3日後には婚約までしていました。

このとき、彼女はランドルフの「傲慢《ごうまん》さ」に、ある種の魅力を感じたと証言しているのは注目です。しかも若き日のジェニーは**「彼は傲慢であるがゆえに将来失敗するだろうから、それを私が助けてあげたい」**などとさえ思っていました。

夫と子がありながら、英国皇太子の愛人に

結婚後すぐに、のちのチャーチル首相ことウィンストンが生まれました。しかし次

男が生まれたのは約5年後のこと。これはランドルフに〝気になる病状〟が表われ、夫婦仲に問題が生じたからだといわれます。

ランドルフは自身の持病を、性行為や妊娠・出産を通じて感染する梅毒《ばいどく》だと思いこんでいました。錯乱《さくらん》して我を忘れてしまう時間も増えつつありました。

しかし本当に梅毒ならば、ランドルフからジェニーやウィンストンにも感染していてもおかしくはないのですが、彼らが治療を受けた形跡はないのですね。実際にはランドルフは梅毒ではなく、脳疾患、もしくは精神的な病に冒《おか》されていたのではないかと筆者は考えます。

ランドルフの体調は悪いままでしたが、妻の豊富な持参金を得たことで、政治活動は増えました。また、ジェニーも長子・ウィンストンの出産から1年もしない間に、社交界の催《もよお》しに出っぱなしとなりました。それも夫の同伴者ではなく、自分一人だけで出かけるのです。

当時の上流階級では、乳母や侍女に子供を任せっきりにして、母親が出歩くことも多かったのですが、ジェニーの社交界での活躍は異例なほど派手でした。

イギリス皇太子アルバート・エドワード（のち国王エドワード7世）は美しいジェ

ニーへの下心を隠そうともせず、彼女に高価な宝石類を贈り続けました。こうして皇太子の愛人となったおかげで、単なる「金持ちのアメリカ娘」にすぎなかったジェニーも、イギリスの上流社会にスムーズに受け入れられたのです。

1883年、彼女が29歳の頃には、彼女自身が「生涯最高の恋人」と認め、「阿片《あへん》めいた魅力」すら感じたという当時25歳のアンドレアス・キンスキー伯爵との恋もはじまります。翌1884年頃、二人はすでに社交界の噂になっていました。

奔放すぎる妻の男性関係に、ランドルフは夫として嫉妬を爆発させることもありました。しかし、離婚という選択肢はありえませんでした。離れられない絆《きずな》が、すでに二人の間にできていたのではないかと推測されます。

さかんな婚外恋愛も「息子の将来の後ろ盾」を作るため？

数々の婚外恋愛にもかかわらず、ジェニーの夫ランドルフへの愛、そして息子ウィンストンへの愛は本物であり、長く続きました。自由奔放に振る舞っているようでいて、ジェニーの恋愛は、その夫や息子の後ろ盾《だて》にもなっていました。

ジェニーは夫の早逝《そうせい》を予見しており、有力者たちと自分が親しくなっておくことで、いわば義理の父となるような男性を増やし、子供たちを守ろうとしていた……筆者にはそう思われるのですね。

ジェニーは、のちにイギリス首相にまでのぼりつめる息子のウィンストンの才能を信じ、応援していました。しかし少年時代のウィンストンは、杓子定規《しゃくしじょうぎ》な教育環境には適応できず、伸び悩んでいました。

成人後のウィンストンは軍人になりますが、軍での成績も凡庸《ぼんよう》で、父・ランドルフを嘆かせるばかりだったのです。しかしウィンストンは「お父様と疎遠《そえん》になってはダメ」という母からのアドバイスを素直に受け、手紙のやりとりだけは律儀《りちぎ》に続けていました。のちに早逝する父親との思い出がこうして少しでも残ったのは、ウィンストンにとって幸いでした。

病が重くなり、余計に気難しくなっていく実父・ランドルフよりも、若き日のウィンストンを具体的に励ましてくれたのは、母親の愛人のキンスキー伯爵ではありましたが。

「最高の恋人」からのプロポーズを断った理由

1894年、キンスキー伯爵はジェニーに「外交官の自分はどこの国にも赴任できる。イギリスを出て僕と一緒に来ないか」とプロポーズをします。しかし彼女は、このキンスキー伯爵の申し出を断ります。夫・ランドルフの死が近いことは病状から明らかで、すれ違いも多かった夫との時間を共有する最後のチャンスだと考えていたからです。

一方、断られたキンスキー伯爵は、当てつけのようにジェニーより20歳も年下の女性と結婚してしまい、彼女を傷つけました。

ジェニーはそれでも、夫と最初で最後の大旅行に出かけます。行き先は「世界」でした。豪華客船による船旅で、1894年6月27日、リヴァプールを出発してアメリカ、カナダを経て太平洋を渡り、日本、中国、シンガポールなどアジアの国々に短期滞在しながらイギリスに戻るという旅路でした。

ジェニーは1カ月ほど滞在した日本をとくに気に入ったようで、日光で東照宮を見学し、京都で着物をあつらえ、茶道のレッスンまで受けました。しかし**夫がいつ亡く**

なってもおかしくはないため、内側に鉛《なまり》をはりめぐらせた棺桶を乗せての、決死の旅路でした。

イギリスに二人が戻ったのは1894年のクリスマスイブ。そしてそのわずか一カ月後にランドルフは息を引き取りました。最愛の恋人より、瀕死《ひんし》の夫を優先し、最後の思い出作りの旅に出かけたところに、自由奔放なようで義理堅いジェニーという女性の魅力が表われているように思われます。

その後、ジェニーは2回結婚しました。特筆すべきは1918年、**64歳になった彼女が、息子のウィンストンより3歳若い41歳のモンタギュー・ポーチという男性とした再再婚**です。

67歳になっても、新しいダンスのステップを習うほどの生命力を見せていましたが、転倒し、骨折のため片足を切断、その経過が悪く、失血死してしまったのでした。

最後まで貴婦人らしさではなく、自分らしさを貫《つらぬ》いた生涯でした。

3章 たぐいまれな「芸術」を生んだ愛

――歪んだ思いが、美を創る不思議

描いた女性を破滅させていくピカソの「愛と創作」

ピカソはその長い生涯の中で、何度も画風を劇的に転換させていきました。画風は変われど、彼の絵の背景には常に「物語」がありました。それはいつでも**「男と女の物語」**だったのです。

スペインでの早熟な天才少年画家時代を経て、20歳でパリのモンマルトルで暮らしはじめたピカソは、「青の時代」「ばら色の時代」の作品で注目を集めます。さらにその後、「誰も見たことのない絵を描いてみせる」と取り組んだキュビズム時代の絵画は、世界中の芸術愛好家というより、投資家たちに高値で売られました。

20世紀初頭のパリで、高く値のつく絵画の条件は〝新しさ〟でした。美術作品を転売して儲けようとしていた当時の投資家に好かれる画家だったこと、そして多作家だったことが、ピカソに高い収入をもたらしたのです。

女性に〝インスピレーション〟を求めずにいられない

若くして名声を得たピカソは、ロシア革命を避けてフランスに亡命してきたロシア貴族の血を引くバレリーナ、オルガ・コクローヴァと結婚しています。

結婚当時、オルガ27歳、ピカソ37歳。

とくに**オルガ以降、ピカソは愛した女性によって、画風を変える画家**として知られるようになります。

この時期のピカソの画風は「新古典主義時代」として知られます。

オルガは保守的な価値観の女性で、ピカソに**「これからは、私の顔がはっきりとわかる絵を描いてちょうだい」**と頼んだという「伝説」もあるほどです。

オルガは結婚後にはバレリーナとしての舞台を降り、夫の監督者として振る舞いはじめます。

彼女にとって、名声ある芸術家の生活とは、朝～昼に制作し、夜は社交界に顔を出して名士たちと交流するというものでした。実際、ピカソがオルガの価値観の中で生きようとしていた時代、彼の絵は確かに安定していました。

しかし――ピカソに流れる〝野獣の血〟は抑え難いものでした。

オルガとの破局理由についてピカソは「彼女が私に求めすぎた」と言いますが、芸術以外の何物にも縛られず生きているピカソは、妻との生活を自分の可能性を制約する檻《おり》のように感じ、インスピレーションを見いだせなくなったのでしょう。

28歳も年下の少女を、ナンパして愛人に

1927年1月8日、マリー・テレーズ・ワルテルという少女をピカソは見初《そ》めます。マリー・テレーズ17歳、ピカソ45歳のときでした。

パリの有名デパート「ギャルリー・ラファイエット」近くの地下鉄出口の階段を登ってくる彼女に近づき、いきなり腕を取ったピカソは、

「マドモワゼル。君の顔は興味深い。君の肖像を描きたい。僕はピカソです」

と言ってのけました。

マリー・テレーズは運動好きの少女で、このときピカソのことは知りませんでしたが、ピカソにどこか惹かれるものを感じ、フランスで成人したと認められる18歳の誕生日の夜、彼の愛人になってしまいました。

「愛は言葉ではない。行ないによって示される」という言葉をピカソは残していいます

が、健《すこ》やかな肉体を持つマリー・テレーズとの性愛は、彼の芸術を激変させます。

そのときもその後も、マリー・テレーズはピカソの芸術をあまり深くは理解せず、興味を示しませんでした。しかし、のちにマリー・テレーズは「**ピカソは女を犯してから絵を描く**」と興味深い証言をしています。


1935年6月、マリー・テレーズはピカソの子を授かります。マリー・テレーズの妊娠をきっかけに離婚話を持ちかけられた正妻オルガですが、交渉は決裂しました。オルガは1955年に亡くなるまで、ピカソの妻の座を守り続けています。

出産後、育児に没頭するマリー・テレーズが母親の顔しか見せなくなると、ピカソは次に**ドラ・マールという知的でありながら、喜怒哀楽の感情の激しい女性**と深い仲になります。彼女とは1936年、カフェでの出会いでした。

ドラ・マール29歳、ピカソ55歳のことです。

ピカソによれば「**いつも泣く女だった**」というドラ・マールとの熱愛の日々は、第二次世界大戦の時期を挟んでの窮乏《きゅうぼう》の時期です。『ゲルニカ』などの暗く、激しい作品が目立ちます。

名作『泣く女』を生んだ二股愛

1943年の夏、61歳のピカソは新しい、そして若い21歳の愛人フランソワーズ・ジローと出会いました。画家を志すフランソワーズが、友人女性とともにピカソのもとに売り込みに現われたのです。

ブルジョワ家庭の出身で、画家になるため大学を中退したというフランソワーズに強く惹かれたピカソは**「これからも絵を見せにいらっしゃい」**などと言って誘います。

フランソワーズは迷いながらも、ピカソの愛人となる道を選びました。ピカソを自分から誘惑し、その愛人になったフランソワーズは、やがて〝ピカソを捨てた唯一の女〟として歴史に名を残すことになります。

フランソワーズという新しい愛人の存在を知りながらも、ピカソといまだ同居していたドラ・マールは苦しみ、涙を流しました。『泣く女』としてピカソに何度も描かれる彼女の激情は、実際に凄まじいものでした。

ピカソは女性たちを、絵を描くために必要なインスピレーションを湧《わ》き起こさせるための道具としてしか扱いません。

ピカソは**「私は恋愛の情に駆《か》られて仕事をする」**と言っています。しかし具体的には、セックスで女性を支配しようとし、彼女たちの反応から強いインスピレーションを得ていたのです。

フランソワーズはそんなピカソとの情交を冷たく見据《す》えていました。彼女はのちに、ピカソとの別離を選んだ理由について、こう証言しています。

愛人ドラ・マールがモデルの『泣く女』

「彼はサディストでした。彼にスリルを与えられるのはただ性交することだけで、機会あるごとに私はそれを拒《こば》まねばなりませんでした」

自分の求める何かを相手から一方的に求め、白日《はくじつ》のもとに晒《さら》すようなピカソのセックスは、フランソワーズにとって不快なものでしかなかったのです。

「彼はすべてのことを深底まで知らねば気がすまず、その中に何が隠れているか見ようとしてそれを壊してしまうのです」。

これはピカソの女性への態度そのものともいえるでしょう。

老いた妻が死ぬのを待ち、若い愛人と再婚

1946年末頃からフランソワーズは、ピカソが求めるがまま同居していましたが、1953年ついにピカソを捨て、彼と住んでいた南仏のヴァロリスの家を出ていきました。しかも、彼との間の二人の子供を連れて出て行ってしまっています。

同年9月30日、ピカソは「私のような人間を捨ててしまう者はいない」と公言、フランソワーズから復縁を求めてくるはずだと世間に余裕を見せました。しかしすでにピカソは70代に入っていました。**ピカソを捨てて旅立った女ざかりのフランソワーズと、男ざかりを過ぎたピカソ**……もはや立場は逆転していたのです。

しかしそれでもなおピカソを慕ってくれている若い女性が、すでに彼のかたわらに

いました。陶芸作品も作っていたピカソは、ヴァロリスの町の陶房で働く26歳のジャクリーヌ・ロックを誘惑していたのです。

1955年にピカソの正妻・オルガがようやく亡くなります。ピカソはオルガが死んだのをこれ幸いとばかりに、1961年、ジャクリーヌと正式に再婚しました。**ピカソ79歳、ジャクリーヌ34歳……45歳の年の差夫婦でした。**二人の結婚生活は1973年のピカソの死まで続きます。

ピカソ亡き後も、ピカソに支配され続けた女たち

ピカソが最期を迎えたのは、ノートル・ダム・ド・ヴィという敷地面積14ヘクタールもある古城でした。ちなみに人類史上最も経済的に成功した芸術家の一人であるピカソは、フランス内に三つのお城を所有していました。

死の前日、1973年4月7日の夕食時にピカソは、客たちに「**私のために、私の健康のために飲んでくれ。知っているだろう、私はもう飲めないんだ**」などと、いつにもなくしおらしいことを言いました。

翌8日の昼前の午前11時半、苦しんでいるところをジャクリーヌに発見され、医師

が来る前に亡くなってしまいました。死因は急性肺水腫による窒息《ちっそく》です。

遺体の周りにはクレヨンが散乱しており、92歳を超えてなお、最後の最後までピカソが創作意欲に満ちあふれていたことを物語っているかのようでした。


しかし、残されたジャクリーヌにとって、ピカソという存在を失った喪失感は、あまりに大きすぎたようです。ピカソと暮らしていたノートル・ダム・ド・ヴィの城に、彼の死後も住み続けたジャクリーヌですが、のちにピストル自殺を遂げてしまっています。彼の死後13年経ってからの謎めいた行動でした。

精神を病んで死んでいった最初の妻・オルガもそうですが、ピカソは女性たちを自分なしでは生きられないよう、いつしか調教してしまっていたように思われます。


特筆すべきは「泣く女」ドラ・マールのその後です。

彼女は高名な前衛詩人のポール・エリュアールからプロポーズを受けますが、**「ピカソの後は神だけ」**といって、それを断りました。

そして本当に修道女となり、ピカソが心に開けた大きな穴を神の愛で満たし、1997年に90歳で亡くなっています。

師・ロダンとの愛憎に生きて――カミーユ・クローデル

かつては将来を嘱望《しょくぼう》された女性彫刻家、カミーユ・クローデルは、その長い生涯の大半を精神病院で絶望に包まれながら暮らしました。

79年の生涯のうち、彫刻家として本当に活動できていたのは20年足らずだったのではないでしょうか。

尊敬する師でもあったオーギュスト・ロダンとの愛の破綻《はたん》だけでなく、母や姉たちの無理解に悩みながらも、美術史に名前を残した彼女の生の軌跡《きせき》は、創造の喜びと苦しみに満ちています。

カミーユ・クローデルは1864年、フランス・エーヌ県のブルジョワ家庭に生まれました。**幼少時から、彼女は彫刻家としての自身の才能に疑いを持たなかった**と、彼女の弟で、外交官にして作家だったポールは語っています。

一方、母はカミーユが美術に傾倒《けいとう》することを嫌いました。

父や弟は、物心ともに彼女を援助し、支えていましたが、良家の子女が**美術を生業《なりわい》にして生きるなど「はしたない」と考えるのが当時のブルジョワ社会の倫理**です。おまけに「彫刻は男性がする芸術」という固定観念もありました。

彼女が憧れのロダンに弟子入りしたのは1883年、19歳のときでした。当時すでにロダンは才能を認められた彫刻家であり、ギャラは高くても彼のもとには注文が殺到していました。

「弟子の一人」から、「共同制作者」に彼女が引き上げられたのは、入門からすぐのことでした。この頃、二人がすでに愛人関係にあったかは、よくわかりません。二人は手紙を送り合っていたようですが、愛情を匂《にお》わせる手紙は、関係者であろう何者かの手によって破棄されてしまっているからです。

それでも1888年以降、カミーユはロダンと師弟であるだけでなく、愛人関係でもあることが両親に知られたのが原因で、一人暮らしを始めました。彼女の一人暮らしは、ロダンの援助のもとに行なわれていたそうです。

ちなみにこの頃、ロダンの長年の内縁《ないえん》の妻であるローズ・ブーレはまだ、夫と若い女弟子の本当の関係について気づいていませんでした。二人が世間にはあくまで共同制作者として活動できていたからだろうと筆者には思われます。

カミーユは尊敬する師であるロダンの作品の一部を担当し、技術を身に付けていきました。彼女はすでに「大理石を刻ませれば、ロダン自身すらとうてい及ばぬほど、エネルギッシュで正確」な仕事ぶりを見せたといいます。

師弟としても、男女としても「最高の関係」だった二人

美しく才能に恵まれたカミーユを、ロダンはパーティーに連れていき、さまざまな有力者に引き合わせました。

しかしカミーユはこれらの機会を生かせませんでした。カミーユの声はしわがれていた上、田舎臭いとつとつとした話し方でした。**彼女の挙動はときに子供っぽく、またときには荒々しく、カミーユに勝手なイメージを抱いて近づいてくる人々にとっては期待はずれだった**ようです。

それでもこの頃のカミーユは、敬愛するロダンの作品の一部に自分の作ったパーツが使われていることだけでも大きな喜びを感じ、満足できていたようです。

1887年、ロダンが発表した『接吻』では、キスをする男女の顔が溶け合うように一体化しており、これはまさにロダンとカミーユが男女としても、芸術家同士としても完全な〝蜜月《みつげつ》〟の状態だったことを象徴的に示しているようです。

そんなロダンとカミーユの間には最低でも一人、もしくは4人の子供が生まれているという噂は、当時からありました。しかしロダンは「もしそうだったら、なすべきことは明らかだったでしょう」と述べており……つまり、子供の存在については遠回しに否定しています。

1887年以降、カミーユとロダンはパリの南西にあるトゥレーヌ地方に旅行し、夏の休暇を過ごしました。二人が滞在したのは、ロダンが借りていた城館でした。

カミーユがここに滞在し、ロダンが仕事の合間にやってきて何日かを過ごすという暮らし方でした。1892年に城館にいるカミーユからロダンに書かれた、現存する唯一の「恋文」の文面には、すでに不吉な影がよぎっています。

「あなた（＝ロダン）が隣にいると自分に思い込ませるために、私は完全に裸で寝ます。でも目が醒《さ》めれば、それはもうただの夢になってしまいます。

もう絶対に、私を裏切らないでください」

ロダンをローズに奪われるさまを彫刻にしたカミーユの作品『分別盛り』

とカミーユは訴えています。「裏切り」が何を指しているのかはわかりませんが、この頃には両者の関係が順風満帆とはいえなくなっていることが感じとれます。

〝内縁の妻〟との三角関係に苦しめられて

1892年以降、ロダンとの関係はさらに悪化します。28歳を迎えたカミーユが、家族から圧力をかけられたことをきっかけに、ロダンに結婚という「けじめ」を迫《せま》り、それをロダンが拒んだためともいわれます。

また、世間が彼女に求めた「若く美しい女流彫刻家」の肩書が、30代になれば使えなくなっていくことに気づき、焦っていたのかもしれません。

しかし、ロダンは長年の内縁の妻ローズと別れようとはしませんでした。カミーユはそんなロダンとの結婚に望みをつなぎながらも、彫刻家としての仕事場を彼とは別にします。1893年のことです。

徐々に距離を置きながらも、カミーユはロダンとの関係を断ち切ることができませんでした。彼女が10年にも及ぶロダンとの共同制作期間に、自身の作品として署名も入れて完成させられたのは10作品にも満たないようです。しかし、独立後にもカミーユは年に数点程度しか、自作を完成することができなかったのです。

カミーユが彫刻を完成させられないのは、ロダンとの愛情のもつれ以前に、芸術家としての彼女の完璧主義、高すぎる志にあったように思われます。

彼女には、自分の作品が「完璧になった」と判断するまで、決して顧客に作品を渡そうとしない頑固さもありました。

ロダンと別れ、妄想の淵に沈んでいく

約15年にも及んだロダンとの関係の破局、相変わらずの家族の無理解、そして自身

で課した芸術家としての高すぎるハードル……これらのすべてがカミーユを追い詰めていきます。**やがて彼女は「ロダンの一味」が、カミーユからアイデアや作品を盗みにやってくるという妄想に支配される**ようになります。理解者は弟のポールだけでした。

荒れ果てたアトリエの中でカミーユは猫を多頭飼いし、作品らしきものを作っては壊すだけとなっていました。心身を病みきったカミーユの身柄が拘束されてしまったのは、１９１３年３月２日のことです。彼女はもう48歳、ある時期からは何事もなしえず、忍び寄る老いの影と病気に蝕《むしば》まれ、かつての美貌も変わり果てていました。

カミーユはパリ郊外のヴィル＝エヴラール精神病院で、その後の人生の30年間を過ごすことになります。医師に勧められても、決して彫刻だけはしませんでした。

ロダンはカミーユを心配し、援助しようと病院あてにお金を送っていますが、おそらく彼女の家族から拒まれたのでしょう、二度目の送金はありませんでした。

その後のロダンは……というと１９１７年２月、長年の内縁の妻・ローズの病気が重くなり、哀《あわ》れに感じたのでしょうか、彼女との正式な結婚の手続きをしています。ロダン77歳、ローズ73歳のときのことです。その16日後、ローズは亡くなりました。

それから約9カ月後、ロダンも死の床につくことになりました。最期には、

「パリに残した、若いほうの妻（＝カミーユ）に会いたい」

などと言ったそうですが、それを病院の中にいるカミーユが聞いたところで、理解できたかどうか……。

毒殺を恐れ、ロダンや家族を呪い続けながら、家族の面会を切望して暮らすカミーユのもとを、彼女の母は決して訪れようとしませんでした。

「娘は（略）自分を犠牲者であると信じ込んでおりますが、それはまったくの作り事です。娘は自分で自分の首を絞《し》めたのです」

弟のポールだけが、外交官としての仕事の合間に、カミーユのもとを訪れてくれ、それは彼女にとって大きな救いとなりました。姉の名を呼ぶポールの声だけが、臨終の床に横たわるカミーユには届いていたといいます。

最後の言葉は「私の小さなポール」。

79歳での死でした。１９４３年10月19日のことです。

天才モーツァルトを死なせたのは、彼の「悪妻」だったか？

1782年夏、ウィーンを中心に新進気鋭の音楽家として活躍していた26歳のヴォルフガング・アマデウス・モーツァルトは、20歳のコンスタンツェ・ウェーバーと結婚しました。

結婚式は、彼らが暮らすウィーンの中心にあるシュテファン大聖堂で執《と》り行なわれましたが、モーツァルトの父・レオポルドは姿を見せないままでした。息子の結婚に強く反対していたのです。幼少時から「神童《しんどう》」として、ヨーロッパ中を演奏旅行して回っていたモーツァルトに比べ、ソプラノ歌手となるべく勉強中のコンスタンツェでは、キャリアの差があったのは確かでした。

しかし結婚当初、二人が強く愛し合っていたことは真実です。とくにモーツァルトの気持ちは本物でした。

二人の間の〝愛〟を、確かに感じさせる旋律

1783年秋頃、モーツァルトは新妻を連れ、故郷ザルツブルクの父のもとを訪ねました。そのとき、彼がザルツブルクの大聖堂で、結婚に反対した父や家族の前で上演したのが『大ミサ曲 ハ短調（K．427／417a）』です。

この楽曲で重要な役割を担《にな》うソプラノの独唱を、モーツァルトから任されたのがコンスタンツェでした。第一曲の「キリエ（神よ憐《あわ》れみ給《たま》え）」で、モーツァルトが妻に独唱させた旋律《せんりつ》を聴くたび、筆者は彼の思いの深さに感じ入らずにはいられません。「キリエ」は、モーツァルトには珍しいほどシリアスで、陰鬱《いんうつ》な表情ではじまります。しかしソプラノの独唱が響きはじめると、音楽は長調に転じ、聴き手は天から光が差し込んでくるような晴れ晴れとした気持ちになるのです。

この難しい独唱部分を、モーツァルトはコンスタンツェに歌わせたのでした。コンスタンツェは、キャリアはなくとも、才能あるソプラノ歌手だったのです。

しかし結婚後のコンスタンツェには、歌手としての活動歴はほとんどありません。おそらくモーツァルトが妻を独占し、自分のそばに置いておくことを望んだのでしょ

う。「愛」ゆえにせよ、何かと自分の意思を押し付けてくるモーツァルトとの結婚生活は、コンスタンツェの気持ちの離反をいつしか生んでいったのだと思われます。

だからこそ彼女は「悪妻」になっていった、と筆者は考えます。

本当にモーツァルトは「貧困に苦しんでいた」か

時代を先んじた天才であるがゆえに認められず、貧困の中で若くして亡くなった……晩年のモーツァルトにはそんな「神話」が語られがちです。

確かに1788年頃から、モーツァルトが友人たちに借金を依頼する手紙は増えはじめました。

これは『アイネ・クライネ・ナハトムジーク（K．525）』や歌劇『ドン・ジョヴァンニ（K．527）』などの名作が量産されていた頃にあたります。

しかし近年、複数の音楽学者が徹底調査した結果、1781年から1791年までの晩年のモーツァルトには、平均で3000〜4000フローリンほどの年収があったことがわかっています。

当時の1フローリン＝4000円説を採用すれば、1200〜1600万円の高収入です。**当時の音楽院の声楽教授の3~4倍もの額を、なぜか音楽家として人気が低迷していた頃のモーツァルトが、継続的に受け取っていた**のです。

これはザルツブルクのモーツァルテウム音楽院学長だったギュンター・バウアーの説ですが、モーツァルトは音楽よりもギャンブルを愛していたのかもしれません。モーツァルトは用意周到に自分のギャンブルについてのデータを抹消しているため、家計簿らしきものはありません。

しかし、コンスタンツェが家計をちゃんと管理していれば、貧困問題は起きなかったというのはむしろ逆。自分の収入の内訳をコンスタンツェに説明できない賭博愛好者のモーツァルトが、妻をいっさい家計に関与させなかったのだと思われます。

モーツァルトは賭博に負けてしまうと、当座の賭け金を得るため、友人知人に借金の手紙を書き連ねたようです。**そのとき使われる体《てい》のよい言い訳が、「妻の病気と、その治療としての湯治《とうじ》の費用」でした。**

そんな夫に、妻がうんざりするのは無理もありません。

過剰なラブレターの裏に隠されていたもの

モーツァルトは単純に「優しい夫」ではありませんでした。

「妻の湯治に金がかかる」とモーツァルトは借金を頼む手紙に書いていますが、1カ月の平均的な湯治費用は食事込みで30フローリン（＝12万円）程度ともいわれます。**コンスタンツェの湯治料金の詳細は残されていませんが、モーツァルトがギャンブルで失った金に比べれば、さほど高額ではなさそう**です。

湯治場で知り合った男たちとコンスタンツェが仲良くしている様子を伝え聞いたモーツァルトは激怒したようですが、妻の行動を激しく非難できる立場にはなかったはずです。

コンスタンツェの体調不良の理由には、約10年間の結婚生活の中で、6回もの妊娠出産を繰り返したことも見過ごせません（成人したのは息子二人だけ）。

栄養状況が現代より悪かった18世紀当時、妊娠出産を何度も繰り返すのは、やせていたコンスタンツェにとっては負担が大きかったのでしょう。

コンスタンツェとモーツァルトの夫婦仲は、ラブレターが多数残されていることからもわかるように、悪くはなかったはずです。でなければ、これほど妊娠出産の機会はありません。しかし、モーツァルトの愛の言葉は、文字面どおりに受け取ることもできないのです。

1789年5月23日付のベルリンからの手紙で、モーツァルトは「いとしいかわいらしい妻」のもとに帰れる喜びを爆発させています。

「君の（略）すごくすてきな巣をきれいにしておいて下さい。ぼくの腕白《わんぱく》小僧はそれにぴったりなんだから」

などと、きわどいジョークをちりばめた文面はモーツァルト名物といってもよいでしょう。しかし、結婚7年目の妻に送るにしては、逆に浮つきすぎた文章のように筆者には思われます。

この手紙が書かれる直前の5月12日、仕事でライプツィヒにいたモーツァルトは、恋人の一人と噂されたドゥーシェク夫人というソプラノ歌手に自作を歌わせ、自分もピアノで共演しているのです。

このとき、彼らに何かがあったかの確証はなく、そもそもモーツァルトのコンスタンツェ以外の女性関係はハッキリとはしていませんが、**妻に対して罪悪感があるから**

こそ、手紙で過剰なほど欲望をアピールしたのではないかと思われてならないわけです。

モーツァルトの音楽は端正でありつつも、聴く者の心を蕩《とろ》かす甘い毒が秘められているように思われます。そんな音楽を極められたのも、何事にも中毒的にのめり込みやすい彼のパーソナリティあってこそ。

しかし、そんな夫を持った妻としてはたまったものではありません。筆者には、コンスタンツェ＝悪妻説は、彼らの本質的な不仲から生まれたのではないかという気がします。

モーツァルトの死の床にも、不在だった妻

1791年の秋頃、モーツァルトはかつてない体調不良の中、灰色の外套《がいとう》をまとった見知らぬ男から依頼された『レクイエム（K．626）』（鎮魂《ちんこん》ミサ曲）の作曲をしていました。

病み衰えたモーツァルトは「レクイエムを頼んできたのは死の使者」「自分は毒殺

されるに違いない」などと思い込んでしまいました。**

実際のところは、フランツ・フォン・ヴァルゼック＝シュトゥパハ伯爵という貴族が、モーツァルトを自分のゴーストライターにしようと、使者を立てて頼みに来ただけです。伯爵は、他人に作らせた曲を自作として演奏させるのが趣味の奇妙な人物でした。このときは、亡き妻の追悼《ついとう》を思い立ち、モーツァルトに宗教曲であるレクイエムを依頼したくなったようです。

作曲費用は100ドゥーカーテン（＝約180万円）で、この手の曲としては比較的高額でした。その半額が前払いですでに支払われていたのですが、病んだモーツァルトは死の妄想に取り憑かれてしまっているので、作曲の速度はあがりません。

こんなときにこそ、妻のコンスタンツェの出番のはずですが、彼女はあいかわらず湯治に出ていました。夫から気持ちが離れてしまっていたのでしょう。

モーツァルトの死の予感は的中し、11月末、現代では細菌感染症と考えられている病が重篤《じゅうとく》化しはじめました。哀れなモーツァルトは高熱を発し、手足は腫《は》れ上がり、身体を動かすことも困難でした。

12月4日深夜、モーツァルトが**「舌《した》に死の味がする」**とつぶやき、危篤《きとく》におちいります。医者はなかなかやってこず、来た後も、モーツァルトの額《ひたい》に冷たい水と酢を浸《ひた》した布を置いただけでした。その結果、モーツァルトは身震いの後に嘔吐したのち、ついに意識を失いました。12月5日早朝、35歳での死でした。

そしてこのときも、コンスタンツェはモーツァルトのそばにはいなかったようです。のちに彼女は再婚相手のニッセンに「病気を自分に移させようと、夫が寝ているベッドに身を投げた」といっていますが、彼女の証言に裏付けはありません。

モーツァルトの遺体は異様に臭ったため、検死は省略されました。

家に現金がなかったので、葬儀はシュテファン大聖堂内の一室で行なわれたものの、非常に質素なものでした。

モーツァルトは共同墓地、しかも最下級の「三等」で埋葬されました。「三等」では7～8年後に土が掘り返され、次の遺体が埋められることになっていました。

一説に12月7日といいますが、埋葬の正確な日時は残されてもいません。

当時の習慣として「死んだら終わり」というのが王侯貴族以外の常識だったにせよ、さすがに異常です。これら一連の判断は、おそらくコンスタンツェによるものでしょう。**コンスタンツェが夫の墓参りをした記録もありません。**

共同墓地で朽ちた夫、立派な墓で眠る妻

モーツァルトが亡くなると、コンスタンツェはめきめきと行動力を発揮しはじめます。未完成の『レクイエム』は、モーツァルトの弟子の作曲家フランツ・クサーヴァー・ジュースマイヤーに頼み込んで、なんとか完成させました。

モーツァルトの真筆《しんぴつ》でなければ残りの金は払わないという例の伯爵との契約のため、ジュースマイヤーはモーツァルトの筆跡を真似て音符を書かされています。

さらに、各地の音楽ファンの王侯貴族に、コンスタンツェは夫の残した自筆譜を商人のようにテキパキと売り払っていきます。

現代の価値にして数千万円ものモーツァルトの借金返済はすぐに完了、コンスタンツェにはかなりの資産ができたし、残された二人の息子たちも（大成はできませんでしたが）費用のかかるよい学校に通わせ、立派に育て上げることができました。

その後のコンスタンツェは、モーツァルトのファンだった、ゲオルク・ニコラウス・フォン・ニッセンと親しくなり、同棲を開始。彼女が47歳のとき、正式に再婚しています。

彼はモーツァルトの伝記を初めて書いた作家で、デンマークの貴族にして外交官でもありました。ニッセンの出世に従い、コンスタンツェは「宮廷顧問官夫人」の肩書まで持つようになりました。

モーツァルトは共同墓地で朽《く》ち果てたというのに、彼女自身はモーツァルトの故郷ザルツブルクに自分の墓を立派に作らせたのでした。

奇妙なことにニッセンに対し、コンスタンツェが「悪妻」といわれることはありません。結局、妻を悪妻にするのは夫だということなのでしょうか……。

ゴッホの「耳切り事件」——その裏に隠された孤独

死後に真価が認められ、作品の価値が上がるケースは、芸術家によくありがちな悲喜劇です。しかし、フランスで暮らしたオランダ人画家ヴィンセント・ヴァン・ゴッホの作品ほど、生前と死後で評価の変わった例はありません。

ゴッホの描いた一枚の『ひまわり』には、制作から約１００年後、なんと58億円もの値が付けられました。生前のゴッホの作品はほとんど売れさえしませんでしたから、こんな価格の高騰《こうとう》は、誰一人、想像しなかったに違いありません。

ゴッホはオランダの貧しい牧師の息子として生まれました。自身もプロテスタントの伝道師となることを目指すも挫折し、無職になった20代後半、ゴッホは画家となることを決意します。数少ない理解者だった弟のテオだけが「芸術家になれ」と勧めてくれたからだといいます。

絵はまるで売れず、あまりにも早く老け……

しかし当時のゴッホが、いかに社会からはみ出ていたかが伝わってくる、興味深い逸話があります。

１８７９年、ゴッホはブリュッセルに住む父の友人に相談に出かけます。訪ねてきた彼を迎え入れるためにドアを開けたその家の孫娘は、ゴッホの姿を見て気を失って倒れてしまいました。**「応対するには不潔すぎた」**と彼女はのちに語っています。

このとき、ゴッホは温かい食事を出してもらい、さらに相談にのってもらった礼として、彼ら家族のスケッチを描いて去りましたが、**家族はその絵を「親指と人差し指でつまみ上げ」、火に投げ入れた**そうです。

あまりに絵が売れないので、ゴッホは画商になっていた弟・テオに送金してもらって生活していました。それでもモデル代や画材に金がかかるため、何も食べられずにタバコで空腹をごまかす生活が続きました。30代はじめの若さで歯が10本しか残っていないほど、彼の健康状態は悪化しており、見た目も年齢以上に老けていたのです。

ゴッホは画家として成功するという野望のため、努力を惜《お》しみませんでした。

南仏やまだ見ぬ日本の明るい光に憧れ、黄色やオレンジといった色彩をちりばめた画風ゆえに「炎《ほのお》の画家」ともいわれるゴッホですが、その創作姿勢も炎のように激しかったのです。

もう一つ、彼を「狂気」に追いやったのは飲酒でした。

19世紀末のフランスでは、アブサンといわれる安酒がさかんに飲まれていました。メチルアルコールなので値段が安いわりに度数が高く、確実に酔えるのですが、中毒になるなど身体に害が残ります。神経系もやられてしまいます。

尊敬する画家・ゴーギャンとの〝いびつな同居生活〟

1888年2月22日、ゴッホはそれまで暮らしていたパリを出て、南仏アルルに向かっていました。それは自分の居場所、いや自分の本当の価値を求めての旅だったと思われます。

そして画家ポール・ゴーギャンとの共同生活をはじめ、ゴーギャンを指導者とする芸術家コミュニティをアルルに作ろうとしていたのです。ゴッホはゴーギャンを尊敬していました。しかし同時に、**男としてゴーギャンに負けたくないという一念**もありました。

　１８８８年10月にゴーギャンはパリからアルルに到着しますが、このとき、画業に熱心に取り組みすぎて、体調を崩したゴッホは寝込んでいました。この頃ゴッホが描いていた作品の中に、ひまわりの連作がありました。

　ゴーギャンが喜ぶと思って描いたというゴッホのひまわりには、愛や絆を求める彼の切ない気持ちが塗り込められているのです。つまり、**ゴッホのひまわりは「愛」を乞《こ》うための絵**なのです。しかし残念なことに、ゴッホとゴーギャンの二人はまったく〝合わなかった〟のでした。

　ゴッホは、ゴーギャンとの共同生活の場所として、「黄色の家」を準備していました。兄がゴーギャンに憧れていることを知った弟テオが、そのすべての費用を払ってくれました。

　この「黄色の家」の部屋は、現在の感覚では考えられないほど、いびつな形をしていたことが知られています。ゴッホは１８８８年『アルルの寝室』という作品で、「黄色の家」で自分が住んでいた部屋の絵を描いていますが、この画に描かれているとおり、本当に台形の部屋にゴッホは住んでいました。住む部屋はその人の精神状態に大きな影響を与えるものです。ちなみにゴーギャンの部屋は三角形でした。

この二人は、テオの仕送りで暮らしていましたが、共同生活のルールを作ったところで約2カ月も経たないうちに反目《はんもく》しはじめました。価値観が根本的に異なるのです。

芸術に対する考えはおろか、食の好みも真逆でした。ゴーギャンは料理上手でしたが、ゴッホはゴーギャンいわく「絵の具を混ぜ合わせたような」得体の知れない味のスープを作り、平気で食べ、ゴーギャンにも食べさせています。

ゴッホは本当に「自分で耳を切り落とした」か？

ゴッホといることに耐えられなくなったゴーギャンは、この年のクリスマス前にアルルを去ることをゴッホに告げました。

憧れの兄貴分だったゴーギャンに捨てられ、画家のコミュニティを作ろうという自分の夢も瓦解《がかい》すると知ったゴッホは、自分の左耳を切り落とし、馴染《なじ》みの娼婦に渡すという有名な「耳切り事件」を起こしました。１８８8年12月23日のことです。

この事件のきっかけとなった二人の口論は、娼館の近くで行なわれ、そこの娼婦はゴッホだけでなく、ゴーギャンとも馴染みだったといいます。つまり二人の間には、

耳切り事件後のゴッホの自画像

女性をめぐるトラブルまであったのかもしれません。

「耳切り事件」について、謎は多く残されています。

　関係者による証言は、「耳切り事件」から約14年ほどたった後、ゴーギャンによる**「自分と口論した後、ゴッホは部屋に戻って、耳を自分で切った」**という一点だけしかありません。

　しかし最近では、**護身用の刀剣を持っていたらしいゴーギャンが、ゴッホと揉《も》めた際、威《い》嚇《かく》するつもりが、誤って彼の耳を切り落としてしまった**のだともいわれています。

　耳切り事件後、入院したゴッホを担当した、フェリックス・レーという医師は、彼の左耳ほぼすべてが切り落とされた状態だったこと、頸動脈《けいどうみゃく》まで傷つけた切り方だったことを証言しています。

いくらゴッホが我を忘れた状態だったとしても、麻酔もなしに、しかも自力で、そのような耳の切り落とし方ができるものなのでしょうか？


ゴッホは事件について何も語ろうとしないままでしたので、真実はわかりません。ゴッホはゴーギャンをかばおうとしていたのかもしれませんね。

また、この事件をきっかけに、ゴッホは自らの狂気を認め、アルルにほど近いサン＝レミにあったサン・ポール療養院に入院しました。絵を描いていると、とつぜん自殺の欲求が高まってくることもありました。画家として大成するという夢を追い求めすぎたゴッホの心身は、すでに限界を超え、燃え尽きる寸前だったようです。

自ら死を選んだが……本当は生きていたかった？

「耳切り事件」から約2年後の1890年7月29日、ゴッホはパリから北西に30キロほど行ったところの小さな村・オーヴェールにいました。

当地に住む知り合いのガシェ医師から「心の病の再発はないだろう」と保証されていたゴッホですが、畑の中でピストル自殺を遂げます。

本当は生きていたかったのでしょう。恐れがあったため頭や心臓は撃ち抜けず、下腹部に弾が入った状態で、その36時間後に苦しみながら亡くなりました。

逆にいえば、そんなゴッホが自分の左耳のほぼすべての部分を、自ら切り落とすことなど本当にできたのかという疑問も生まれて当然なのです。37歳の死でした。

彼がピストル自殺に至ったのは、狂気の発作ゆえと説明されがちです。しかし、晩年になるほど、ゴッホの画風はさらに個性的になっていき、「名作」といえる絵を残し続けている理由は、彼が狂ってなどいなかったという証ではないでしょうか。

ゴッホの葬儀はわびしいものでした。お棺には白い布がかけられ、その上にゴッホが愛したひまわりや、黄色やオレンジ色の夏の花が、友人たちの手でぎっしりと置かれていました。

しかし、ゴッホは自殺しているため、キリスト教の教会での葬儀を拒否されてしまいました。理解と同情を示してくれた隣村から葬儀馬車を借り、一切の宗教的な儀式はないまま、ゴッホの遺骸は共同墓地に葬られることになりました。のちに弟テオも、ゴッホの隣に葬られました。

4章　幻のような「夢」を追い求めて

——それは〝この世ならぬもの〟

「不老不死」にこだわり毒薬を飲み続けた始皇帝

始皇帝が中国全土を統一したのが、紀元前２２１年のこと。このとき彼はまだ38歳の「若さ」でした。しかし、これは現代日本の年齢感覚です。漢語では40歳を「初老」と呼びますが、医療技術が現代と比べれば雲泥《うんでい》の差だった古代中国において、ある年齢を超えれば老いの坂を転がり落ちるだけ。それが40歳前後だったということです。そして、その先にあるのは「死」だけでした。

だからこそ、**始皇帝のアンチエイジングへの情熱は異常なまでに高まり、その方面の知識を得るために「方士《ほうし》」たちを重用しました。**方士とは、後には道士《どうし》とも呼ばれる「特殊技術者」です。

方士の一人だった徐福《じょふく》は神仙思想を研究し、その知識によって「自分は不老不死を実現した」と自己宣伝を繰り返し、始皇帝の信頼と寵愛《ちょうあい》を受けていました。

あるとき、徐福は「東の海上にある仙人の住む島（＝一説に日本）」に行けば、不老不死の霊薬が手に入ると、始皇帝をそそのかします。

こうして、後世の歴史家・司馬遷《しばせん》の『史記』によると、**徐福とともに3000人もの良家の少年少女が、その「仙人の島」とやらに旅立っていきましたが、誰一人として帰ってくることはありませんでした。**

子供たちは逃げたのか、奴隷として売り飛ばされたのか……いずれにせよ始皇帝は彼らの旅費を負担させられただけで、騙《だま》されたのです。

中国統一の次なる目標が不老不死だったのでしょうが、熱意むなしく、49歳で彼は亡くなってしまいました。

「始皇帝の死」を隠そうとした従者たち

始皇帝が亡くなったのは紀元前210年9月10日です。始皇帝には、広大な領土内を巡行するという習慣がありました。

『史記』によると、帝国の首都・咸陽《かんよう》を出て、沙丘《さきゅう》（河北省平郷）という地域に差しかかったとき、それまで元気だった始皇帝がとつぜん倒れたとあります。

始皇帝の命を奪ったのは、人体には猛毒である水銀を主成分に持つ「丹薬《たんやく》」だったと考えられています。水銀は人体に有毒で、脳や神経に異常をきたします。

手足の震え、言語障害、めまい、難聴、歩行困難……列記するだけでも恐ろしい中毒症状が、水銀の摂取によって表われます。このため、彼が死の直前まで元気だったという『史記』のこの部分の記述は、誤りを含んでいると考えられるのです。

そして奇妙なことに、**始皇帝の遺体を乗せた馬車と従者たちの一行は、まるで皇帝が生きているかのように装って、首都・咸陽までの道を進みました。**

なぜなら、最高権力者・始皇帝の死は、彼の恐怖による支配に不満を抱いていた民衆たちから、暴動を引き起こされかねない大事件でした。

始皇帝には確かに強烈なリーダーシップがありましたが、その治世においては、気に入らない者は容赦なく排除されていきました。始皇帝が死んだと知られたら、民衆は報復してくるかもしれません。始皇帝の遺骸も、無事には首都・咸陽に戻れなくなる事態が危惧《きぐ》されたということです。

始皇帝の亡骸は、本当に「腐って臭いを放った」か？

しかし、『史記』によると咸陽までの長旅の途上で、始皇帝の遺体は腐敗しはじめました。すると**従者たちは魚を買ってきて馬車に積み、その魚の異臭で、遺体の腐る匂いをごまかそうとした**ともいわれます。

グロテスクな逸話ですが、この部分の真偽も疑わしいと筆者は考えます。

始皇帝が好んだ仙薬の内訳はよくわからないのですが、仙薬は限りなく丹薬に近いものだったと考えてよいかと思われます。

始皇帝の時代より数百年後に成立したと推定されている『周礼《しゅらい》』という書物には、水銀をベースにして作り上げる丹薬の作り方「錬丹術《れんたんじゅつ》」が掲載されています。

水銀を硫黄《いおう》に加え400度に加熱すると、両者が化学的反応を起こし、真っ赤な色の液体ができるそうです。「丹」の文字には赤い色という意味があります。例によって不老不死を目的として飲まれた薬であり、見た目も人間の生命をつかさどる血液を彷彿《ほうふつ》とさせるところから、丹薬という名前がついたと考えられます。

実は、この丹薬を摂取し、水銀を体内に大量に含んだ遺体は腐乱しないことが、

人々の間にはすでに知られていました。

しかし、先述のとおり、猛毒である水銀を摂取すると、重い中毒の症状が表われてきます。それでも不老長寿という丹薬の効果を信じる人は、毒が勝つか、己の生命力が勝つか……というギリギリのラインを探りながら、それを飲み続けたのでしょう。始皇帝もその一人だったのだと思われます。

亡き始皇帝を「おとしめよう」とした人物

古代中国の上流階級には、丹薬の信者がたくさんいました。

秦の次の王朝である前漢《ぜんかん》（紀元前２０６年～８年）時代の遺跡とされる通称「馬王《まおう》堆漢墓《たいかんぼ》」に埋葬されていた貴族女性にも、丹薬を摂取し続けた形跡がありました。

「馬王堆漢墓」は20世紀半ば、湖南省の病院建て替え工事を行なっている際に発見され、毛沢東《もうたくとう》が指導する「文化大革命」中の１９７１年から発掘が行なわれました。50代で亡くなったと推定される貴族女性・利蒼《りそう》夫人の遺体は、お棺の中でほぼ無傷で、まるで眠っているかのような姿で見つかりました。

身長は生前と同じと思われる１５４センチ、髪はつやつやと輝き、肌にはまだ弾力すらありました。調査隊が遺体に防腐剤を注射すると、血管の中を液体が動いていく様子が目視できたほどの驚異の「鮮度」を保っていたのです！　それゆえ、調査隊は彼女が丹薬の愛好者であるとすぐにわかったといいます。

水銀に全身の細胞が毒されているために、彼女の肉体は埋葬されてから20世紀後半に発見されるまでの2100年ほどの間、微生物を寄せ付けず、決して腐ることがなかったのですね。

始皇帝が日常的に飲んでいたものも、利蒼夫人が愛飲していたものと大差ない、水銀をベースとした成分の薬物だと思われます。

ですから、秦の都・咸陽にまで向かう旅路で、彼の肉体も腐りはしなかったのではないかと筆者は推測するのです。

『史記』で、始皇帝の遺体が腐敗したという記述を採用したのは、死してなお、カリスマであり続けた始皇帝の権威を傷つけるための、歴史家・司馬遷による演出ではないでしょうか。

司馬遷は秦の後に中国を統一した前漢の歴史家であり、前漢の皇帝たちにとって、始皇帝は打ち倒すべきライバルのような存在だったのですから。

始皇帝陵。水銀で川や海が作られたと伝わる

今なお、生きているかのような姿で眠っている……？

始皇帝の遺体が今も眠る「始皇帝陵」は、咸陽の近郊に位置します。規模は2万平方メートルにも及び、高さは現代でも47メートルあります。

始皇帝が、水銀そのものを信仰していたといえるのは、彼の陵墓からも明らかです。『秦始皇本紀』には「水銀を以て百川江河《ひゃくせんこうが》大海を為《つく》り」との記述が出てきます。

陵墓には、当時、非常に高価だった水銀が、川や海を満たすほど大量に用いられたとされるのです。

伝承によると、地下宮殿内部、始皇帝の棺のそばにはここぞとばかりに、大量の水

銀が流し込まれたそうです。

　1970年代以降、始皇帝陵の発掘調査が行なわれました。しかし『泰始皇本紀』の記述の正しさを裏付けるように、土壌調査から、水銀濃度がとくに高いとされる部分が見つかり、そこには調査の手を入れることができていません。

　始皇帝の遺体はひょっとしたら、現代でもなお、眠っているかのような姿のまま保たれているのではないでしょうか……。

18世紀、女装してスパイ活動をしたフランス貴族の話

これは、1770年頃の実話です。

ロンドンに滞在中のフランス人で、外交補佐官をしているエオン・ド・ボーモンという男が実は「マドモワゼル」……つまりは女性だという噂が流れはじめました。

このスキャンダラスなニュースに、イギリス中の人々が飛びつきました。フランスの貴族階級出身のボーモンはついに沈黙を破り、

「女として生まれた私ですが、実家の都合で、男として育てられ……」

などと語りました。

かの『ベルサイユのばら』のオスカルの設定を先取りすること約200年の、ボーモンの数奇な生涯をたどっていきましょう。

エリザヴェータ女帝の「読書係の侍女」として派遣される

ボーモンはれっきとした男性でしたが、過去に特殊な秘密を持つ身の上でした。

実は彼には、**前フランス国王ルイ15世の密命を受け、女装のスパイとしてロシア帝国に派遣された過去があった**のです。

若き日のボーモンには髭《ひげ》が生えておらず（理由は不明）、肌は白く、美しく、「いくつになっても少女に間違われる」ような姿だったそうです。

当時、彼が派遣されたロシア帝国のトップに君臨していたのはエリザヴェータ女帝でした。**彼女は多少特殊な趣味の持ち主で、部下の男性に女装させるのが大好きだったの**です。

こんなエリザヴェータ女帝ですから、ボーモンが男性だと見抜いた上で重用していたのか、もしくは本当に気づいていなかったかはよくわかりません。

ただし、女帝の侍女が実は男性というのは倫理面で問題があるため、ボーモンを本当に女性だと思いこんでいた人は実際のところ、ロシア宮廷内にはかなり多かったと推測されます。

いずれにせよ、ボーモンは読書係の侍女として、気難しいエリザヴェータ女帝に仕え、女帝から聞き出したロシアの情報をフランスに流しつつ、つとめを終えて帰国したのです。

「異性を装う」ことが禁忌だった時代

その後、ボーモンが派遣されたのがイギリスでした。

今度は男性としての勤務だったのですが……運の悪いことに、ロシアからある皇女がロンドンに亡命してきており、顔を見知っているボーモンとばったり会ってしまったのです。皇女にしてみれば、ロシア宮廷で女性として認識していたボーモンが、ロンドンで再会したら、なぜか男性になっていたわけですから、さぞかし驚いたことでしょう。

ロシアになぜわざわざ女装して仕事をしにきていたのかという本当の理由を、ボーモンはスパイでしたから、なんとかごまかす必要がありました。

しかし、そこでボーモンが、

「私は本当は女性なのに、今は家の都合で男装させられて、イギリスで働いているの

です」

などと複雑なウソをついて、なおかつ被害者ぶったのには重大な理由がありました。**当時のヨーロッパでは、異性の格好をすること、つまり男装／女装は、両方とも宗教倫理に反する行為であり、犯罪にすらなりえました。**

またヨーロッパ社会では、性別によって課される義務が異なりました。たとえば、女性に生まれたら、家庭にいて家事をこなすことが求められました。その手の性別に付随《ふずい》する義務を果たさずにいれば、それは罪だとされても仕方なかったのです。

自分を女性だと告白してしまった、本当は男性のボーモンがどうなったのかというと、周囲からは「異性の格好」をしていたことは咎《とが》められず、「やっぱりボーモンさんは女だったのか」「そうだったのか」「気の毒に」と、すんなり受け入れられてしまったのだそうです。

フランスに帰国、マリー・アントワネットに同情される

しかし、男性に限定されていた外交補佐官の仕事はもうできません。

こうした事情はフランスにも伝わりました。時のフランス国王ルイ16世からの使者がイギリスに送られてきます。このとき、ボーモンはすでに御年44歳でした。

やがて、**フランスに帰国・定住する条件として「女装」を課す**、つまりボーモンが自ら宣言したとおり、女性の格好での生活が、国王命令として下されました。

フランスに帰国したボーモンはヴェルサイユに呼ばれ、ルイ16世とマリー・アントワネット王妃に面会することになりました。

マリー・アントワネットは**「なんてかわいそうな女性なのでしょう！」**とボーモンに同情し、貴婦人用ドレス一式を仕立ててくれました。

しかし44歳（現代日本の年齢では60歳程度に相当）になったボーモンには、貴婦人用の豪華なドレスは重たすぎて、耐え難くて仕方なかったといいます。

それに見た目の問題もありました。ヴェルサイユで女装のボーモンを見た、作家ヴォルテールは**「あれはバケモノだ」**とバッサリ切り捨てています。

若き日のボーモンの女装のクオリティはロシア女帝をも欺《あざむ》けたのでしょうが、44歳のボーモンは一般的には「美しい」と言える姿ではなくなっていたのでしょうね。

タブーを冒して注目されるのが〝快感〟だった？

その後のボーモンは、貴婦人用のドレスを着て過ごす生活が次第にイヤになってしまいました。

筆者の私見ですが、ナルシストのボーモンは何より自分が大好きな人物で、いつでも周囲の注目を浴びていたいという自己顕示欲が強すぎるのです。と同時に、当時、タブーとされていた女装をすることで、世間のルールを堂々と侵犯《しんぱん》することにエクスタシーを感じていたのでしょう。

しかし、誰もとくに注目してくれないのに、重くて不自由なドレスでの生活を強《し》いられるなんてことは、ボーモンにとってはまっぴらごめんなのですね。

そこでボーモンは、「イギリスに残してきた財産の処分」を名目に、フランスを出国、イギリスに戻ります。しかし、１７８９年にはフランス革命が勃発《ぼっぱつ》し、今度はフランスには戻れなくなってしまいました。

運悪くフランスに残した財産が凍結されてしまったので、生活に困窮したボーモンは、剣術の腕前をいかすべく、**建前は女性剣士、本当は女装剣士として賞金狙いの道場破りを繰り返し、イギリス中の温泉街をドサ回りする**日々がはじまります。

ところが、ある試合で相手の剣が折れ、ボーモンの胸に刺さるという不慮の事故で引退を余儀なくされてしまいました。

その後のボーモンは素性を隠し、一介の老女として、コール未亡人という中高年女性のルームメイトと同居し、1810年までロンドンで暮らしたのちにひっそりと亡くなりました。

ボーモンは、コール未亡人に自分は男性だと告げていませんでした。**検死に訪れた医師が、「女性にはない器官」が彼の股《また》に付いていることを発見すると、コール未亡人を驚愕《きょうがく》させる**始末でした。未亡人は長年同居していながら、ルームメイトの秘密にまったく気づいていなかったのです。

享年82……男性として生まれながら、女性として生きることを国家から命じられるなど、数奇な運命をたどったボーモン。

「この地上に生き、得たものも、失ったものもない」という一節をふくむ、虚無的な詩を晩年には残しています。

湯船に浸かると堕落する？「入浴」が西欧になじむまで

今から約100年ほど前までの欧米社会で、温かいお風呂に入ることは、たいへんな贅沢でした。美と健康のため、入浴の重要性が説かれる現代日本の常識からは、考えられないことかもしれません。しかし、水道もなければ、ガスも通ってない世界で、湯を沸《わ》かすのは一苦労でしたし、薪《まき》の値段も高価だったのです。

たとえ王侯貴族や大ブルジョワでも、その条件は同じです。**ふだんは、お湯で湿《しめ》らせた布や海綿《かいめん》で、身体を拭《ふ》くくらい。**巨大なタライを床に置き、ポットに入れたお湯をチマチマと身体にかける程度の行為すら、まれでした。庶民にいたっては、手や顔を水で洗うことすらしたがらない人たちであふれていたようです。

しかし、19世紀半ば以降のヴィクトリア朝時代のイギリスで、衛生観念は急激に発達したといわれます。なぜ、19世紀になってとつぜん人々が衛生問題を口やかましく言うようになったかというと、交通網が国内外に急速に広がったからでしょう。他地域や他国と比べて、大英帝国の首都・ロンドン、そしてそこに住む人々がどれほど汚いか、ようやくイギリス人は気づいていったのです。

汚物が道路にあふれていた、19世紀のロンドン

世界に冠《かん》たる大英帝国の首都でありながら、ヴィクトリア朝時代のロンドンは恐ろしく汚い街でした。馬車が行き来していましたが、馬がそこらじゅうに糞《ふん》をこぼし、誰も掃除しようとしないため、道路はまるで沼地のようでした。

19世紀のイギリスは国中で工業がさかんになりましたが、環境保全の考えがまだ存在していません。大気中の煤《すす》が混じった雨が降るたび、それは**「地獄の黒い雨」**のような色をしていました。

さらに1801年からの百年間で、ロンドンの人口は100万人から600万人に膨れ上がり、その大半は地方から流入した貧しい人々でした。彼らには入浴するために湯を沸かす金もなければ、そもそも家に入浴設備自体がありません。それどころか下水設備すら怪しいものでした。同時代のフランスのパリは相当に汚かったといわれ

ていますが、ロンドンも実は似たような状況だったのですね。

下水設備がようやく整備されはじめたのも19世紀半ば以降のことですが、この頃からようやく「身体を美しく、清潔に保つべきだ」という感覚が、社会のさまざまな層に定着するようになります。

「冷水を浴びるのが身体にいい」という迷信

入浴習慣も上流階級から復活しました。「風呂に入るとペストにかかりやすくなる」という迷信が乱れ飛び、入浴習慣が途絶えた中世以来のことです。

しかし、ヴィクトリア女王が即位した1837年当時、英国王室のロンドンでの居城・バッキンガム宮殿には、(バスタブを備えた)浴室は一室もなかったといわれます。

そもそも19世紀半ばの入浴とは、冷水浴を指しました。当時のイギリスで毎日の入浴を公言している人物は、ナポレオンを撃退したことで知られるウェリントン公爵だけでした。彼は**水風呂に「鍛錬《たんれん》」代わりに浸《つ》かる**ことを習慣にしていました。

バスタブに水をためること自体が高くついたので、最上流階級以外は、シャワーで済ませるのが普通でした。しかし、そのシャワーとは、高いところから降ってくる大量の冷水を浴びることを指しました。

夏目漱石が尊敬していた思想家トマス・カーライルは、自宅の調理準備室にシャワーを取り付けさせています。要するにカーライル家のシャワーは身体だけでなく、野菜や果物を洗うのにも使われたのです。カーライルはそれを**「気高いシャワー」**と呼んで尊びました。

自分が浴びるだけでなく、妻のジェーンにも毎日「シャワーの瀑布《ばくふ》（＝滝）の下に身を置きなさい」と厳命していましたが、よく心臓が止まらなかったものですね。

19世紀イギリスのベストセラー小説家のチャールズ・ディケンズも冷水シャワーの愛好者でした。彼は１８５１年の豪邸新築時に、専用のシャワー室を作らせました。しかし、そこも紐《ひも》を引っ張ると、大量の冷水が吹き出すという仕組みでした。日本の修験道《しゅげんどう》の行者たちの滝行を思わせる、寿命が縮むような行為ですが、**冷水の衝撃が身体によいと信じられていた**のです……。

しかももっと極めるのであれば、塩水を使うべきだと考えられていたようですね。

どというのも、健康維持や病気の治療として、海水浴が行なわれはじめたのも、ちょうど19世紀半ば以降のことでしたから。

バスタブは「快楽主義的な道具」？

こうして入浴は、単に身体を清潔に保つためというより、心身を鍛《きた》えるための行為となっていきました。

奇妙にストイックなところのある19世紀のイギリス、ひいては欧米社会全体では、お湯をバスタブに張って入浴する温浴は、その「心地よさ」ゆえに退廃的で「みだらな行為」とさえ思われていたのです。

当時のロンドンを例にとってお話しすると、シャワー室を自宅に作る余裕のない庶民たちは、１８４０年代以降、次々と都市部に設置される「国民浴場」に出かけました。しかし、その浴場にあるのはお湯の張った浴槽ではなく、プールでした。プールに入っても、入浴するのと同じ健康効果があると信じられていたからです。

公共浴場誕生以前から、男性労働者たちは仕事の行き帰りにテムズ川や、ハイドパークなど公園の大きな池（しばしば、レイクとすら呼ばれる）にすっ裸で入って、汗を流していました。**1845年に開園したヴィクトリアパークの池は、もとは水泳用もしくは労働者用の水浴場として設計され、午前4時から8時までの時間帯はとくにその目的用に開放されていました。**

一方で、そこまでしたくないという人々もたくさんおり、彼らは手や顔を石鹸で洗うことだけで満足し、ごくまれに身体をお湯に浸した布で拭くだけでした。

イギリスに限らず、欧米社会全体で入浴の習慣が今日のような形に定着するまでにはかなりの混乱がありました。

オーストリア帝国のエリザベート皇后は、毎朝入浴していましたが、なんとその水温は7度です。

同時期、1851年のアメリカではミラード・フィルモア大統領の意思で、ついにホワイトハウスに浴室を作ろうという計画が発表されました（ちなみにフィルモア大統領は日本に黒船の派遣を行なった人物です）。

しかし、浴室へのバスタブ（浴槽）設置には、批判が起きました。

バスタブは「共和国（＝アメリカ）の素朴さを堕落させようとする、イギリス由来の快楽主義的な道具」といわれたのです。例によって、温浴は心地よいがゆえに「みだらな行為」扱いをされていたからです。

この手の感覚は、歴史的に温浴にとくに違和感を持たない、われわれ日本人には理解できないところがあります。

現在の欧米社会でも、バスタブは少なくとも質実剛健《しつじつごうけん》なものではないという発想は残っているのかもしれません。ガスや電気を使用してお湯を瞬時に沸かす技術が存在している現代の欧米でも、バスタブがなくシャワーだけのホテルの部屋が、それもなかなか高級なホテルにもまだ存在していますからね。

引きこもりながらも「進化論」を信じ続けたダーウィン

生物は長い時間をかけて、環境に適応して進化してきたという「進化論」で有名になった、19世紀イギリスの科学者チャールズ・ダーウィン。

すべての生物は、太古の昔に神の手で作られたままの形だとするキリスト教世界の常識を、科学的観点から覆してしまった偉人です。

人に会いたくない、家から外にも出たくない

革新的な学説の持ち主のわりにダーウィン本人は、臆病《おくびょう》すぎる人物でした。

裕福な科学者一族に生まれたダーウィンは、彼に医学を学ばせようという家族の意向にそむき、ケンブリッジ大に移籍、神学を学んでいたこともありました。

しかし、昆虫学者の親戚の勧めもあり、神学を学ぶかたわら、子供の頃から大好き

だった昆虫や植物の標本採集を通じて、科学への関心を取り戻します。

22歳のとき、ダーウィンに転機が訪れました。彼はイギリス海軍の測量船ビーグル号に乗り込み、自然科学者として世界各地を約5年以上も研究して回ったのです。そしてさまざまな動植物の標本をイギリスに持ち帰ります。**ダーウィンによるとその数、なんと5436種類……典型的な記録魔だったダーウィンは、このように何かと詳細にメモを取るクセがありました。**

しかし、この研究旅行が、ダーウィンが「進化論」を着想するきっかけとなったと同時に、彼がアクティブに活動した最後の機会となりました。これが終わると、ダーウィンは家から外に出ようとも、人に会おうともしたがらなくなったのでした。

「異端的な考え」と批判されるのを恐れて

20代のうちに、ダーウィンは「進化論」の発想を早くもつかんでいました。しかしそれはキリスト教徒にとっては異端的な、つまり危険思想です。

それゆえダーウィンは、進化論についてはごく親しい人を除き、誰にも語ろうとはしませんでした。**引きこもることは彼にとって、異端とされる考えに支配されてしまった自分を、自ら監禁し、自力で言説を封じるような行為**でした。その期間はなんと、約20年もの間続いたのです。

幸い、ダーウィンの資産は豊富にあったので、世間に出て働く必要はありません。「歴史上最も知的な引きこもり」の名こそ、ダーウィンにはふさわしいでしょう。

１８３９年には、従姉妹《いとこ》のエマ・ウェッジウッド（高級陶器のウェッジウッド一族の出身）と29歳で引きこもりのままで結婚、多くの子供を授かります。

しかし自らは**進化論を説き、遺伝について研究もしておきながら、従姉妹との近親結婚ゆえに、彼らの子供たちの多くは病弱に生まれ、あるいは早死にする**という悲劇に見舞われます。

１８４２年からのダーウィンは、イギリス・ケント州の通称ダウン・ハウスと呼ばれる広大な屋敷に閉じこもり、研究三昧《ざんまい》の日々を送るようになりました。この生活は彼の死まで続きます。

「進化論」という秘密を胸に秘めたダーウィンは、自分がそれをしゃべってしまうことに怯え、ますます意図的に他人を避けるようになっていました。

1840年頃からは神経性の発作だと思われる嘔吐をはじめ、頭痛、めまい、湿疹、不眠……と「不調のデパート」ともいうべき症状の嵐に悩まされ続けています。

とくにダーウィンを苦しめたのは嘔吐でした。食事のたびに嘔吐し、夜中だけでも数度戻すというのが通例で、薬や医者による治療には効果がありませんでした。

ついに『種の起源』を発表……しかしやはり非難殺到

1859年、50歳という節目の年にダーウィンはついに沈黙を破り、自説を『種の起源』という著作にまとめて世に問うことにします。

1250冊以上の注文が入り、これは当時の研究書としてはベストセラーの記録を作りました。1871年には、人間の先祖は猿であるとする、さらに大胆な説も発表しています。

しかし予想どおり、イギリス社会の保守的な人々はダーウィンの説に激怒しました。

いっそうダーウィンの引きこもり状態と嘔吐症状は悪化します。

あいかわらず学会には出られず、世間とは手紙でつながっているだけのダーウィンでしたが、２０００人以上もの人々と文通で意見を戦わせ続けていました。**「歴史上最も能動的な引きこもり」**とも彼のことは呼ぶべきでしょうか。

しかし体調不良がいよいよ最悪のものとなり、１８８２年4月19日、少し寝付いた後、ダーウィンは自邸でひっそりと亡くなりました。73歳でした。

死の少し前、生涯で４００万回目の嘔吐をしたとダーウィン自身が記録しているため、最後までメモ魔の習慣は維持していたことがわかります。

「天才の秘密を知りたい」——切り刻まれたアインシュタインの脳

1955年4月18日、「20世紀最大の物理学者」アルベルト・アインシュタインは、持病の大動脈瘤《だいどうみゃくりゅう》の破裂で76歳で亡くなりました。アインシュタインはドイツ出身ですが、ナチス・ドイツの横暴を嫌い、第二次世界大戦前からアメリカに移住していました。

アメリカでは、エキセントリックな彼の人柄が、世間の考える天才像に合致しました。このため、物理学という大衆性の薄い学問のエキスパートだったにもかかわらず、アインシュタインは何かにつけて記者たちに追い回されています。

アインシュタインはペラペラとよくしゃべりましたが、自分に向かって不躾《ぶしつけ》に構えられたカメラに作り笑顔で応じるほど、人が好《よ》かったわけではありません。このような理由で、アインシュタインの写真には、ほとんど笑顔のものがないのです。

舌を出した有名な写真は、アインシュタインの72歳の誕生日に撮られたもので、ほとんど笑わない彼をなんとか笑わせようとした記者のたくらみにのってしまい、あやうく笑顔を撮られそうだったのを、舌を出すことでごまかしたという苦心の一枚です。イヤがっていたにもかかわらず、その写真が気に入った彼は、何枚もの焼き増しを頼みました。

しかし当時すでに、アインシュタインの体内で、彼に死をもたらす大動脈瘤が確実に膨らみつつあったのは皮肉なことでした。

「天才の脳」は「凡人の脳」よりも重いはず？

アインシュタインは遺言を残していました。彼は自分の遺体を火葬にし、その灰を「ニュージャージー州のどこか」にばらまくだけで葬儀を終えるように望んだのです。**生前からマスコミや信奉者に追いかけられる日々に閉口していたため、自分の墓がファンの聖地となり、「巡礼者」があふれることを嫌った**のだと思われます。

しかし、その遺言はとんでもない理由で守られませんでした。

アインシュタインの死体は、慣例として病院で検死解剖を受けることになります。

プリンストン病院のトマス・ハーベイという病理医がそれを担当することになったのですが……彼は遺体解剖によって、アインシュタインの天才性の秘密をさぐることができるのではないかという野心を抱きました。

ハーベイは、遺族の了解をまったく得ていないのに、アインシュタインの遺体から内臓を取り出していきます。とくにハーベイが知りたかったのは、アインシュタインの脳の重さでした。

アインシュタインは生まれたときから、その不格好で巨大な頭を母親から心配されるほどでしたし、**20世紀後半に入ってもまだ、脳の重さがその人の知的な能力を表わすと信じられていたので、「アインシュタ**

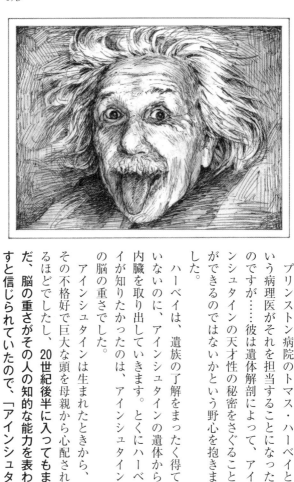

インの脳は、一般人よりも絶対に重いはずだ」とハーベイは推測していたのです。

ところが実際は、平均的な成人男性の脳よりも「やや軽い」、1・2キロという、ハーベイには信じがたい数字が秤《はかり》に表示されました。この重さはわかりやすくいうと、だいたいキャベツまるごと1個分程度です。

それで終えておけばよいのに、ハーベイはアインシュタインの脳をさらに調査したいという欲求に負けて、その脳をホルマリン漬けの瓶《びん》に入れて標本にしました。

スライスされ、世界中にばらまかれ、行方不明になる脳

脳を盗まれたまま、アインシュタインの遺体は遺族のもとに戻されました。誰一人、アインシュタインの変化に気づくことはなかったそうです。

そして彼の遺体は遺言どおりに火葬され、遺灰はニュージャージー州のどこかにばらまかれました。

しかしハーベイは、あの「天才」アインシュタインの脳を、自分が持っているのだという事実を、同僚に自慢せずにはいられなくなります。

噂はすぐに広がり、もちろんハーベイは、勤務先のプリンストン病院を解雇されました。それでも、アインシュタインの脳の所持者であるという事実が威光《いこう》を放ったせいか、ハーベイの次の就職先は比較的容易に決まりました。ペンシルバニア大学です。ハーベイは与えられた研究室で、アインシュタインの脳を200以上もの断片にスライスしていきました。脳は部位によって担当する機能が違うからです。

しかし、ある〝困ったこと〟にハーベイはようやく気づきます。脳は手元にあっても、その脳を分析する技術や手段が、自分にはないのです。そこで彼は日本を含む世界中の科学者たちに、アインシュタインの脳のかけらを送りつけていきました。しかも、誰に脳のどこを渡したかというリストなどは作らずじまいでした。

そのため恐ろしいことに、アインシュタインの脳の半分程度が、現時点で「行方不明」になっているのです。

アインシュタインの脳を受け取ったという記録の残る、もしくは受け取っているはずの**研究者の中には、アインシュタインの脳と離れたくないがあまり、「自分はそんなものは受け取っていない」と主張する者も出ている**ことが、近年の調査でわかりました。

　このように遺体から取り出され、さらには切り刻まれてしまったアインシュタインの脳ですが、現段階までの調査で、特筆すべき有効な事実は見つかっていません。

「発想力が豊か」であることなどを示す下頭頂小葉《かとうちょうしょうよう》という脳領域が、常人よりも15%ほど大きいといった特徴がいくつか発見されただけでした。

　天才の頭脳の秘密は、いまだに何も解き明かされていないのに等しいのです。

5章 富・権力への――見果てぬ野望

――そのためなら、人は簡単に裏切る

世界屈指の大富豪ロスチャイルド家の「ずる賢い策略」

世界的大富豪といえば誰もが思い出すのが、ロスチャイルド家ではないでしょうか。その歴史は、16世紀頃にまでさかのぼるといわれます。しかし当初、彼らはドイツ・フランクフルトのユダヤ人居住区内で、ほそぼそと金貸しと両替をいとなむユダヤ人一家にすぎませんでした。

18世紀頃になると、ロスチャイルド家は先祖から受け継いだ金貸しや両替の業務に加え、絹、宝石、アクセサリーなどの上流階級向けの贅沢品を扱う商社業務もはじめていました。

そんなロスチャイルド家が金融財閥になりあがっていくきっかけは、18世紀末から19世紀半ばにかけての革命と戦争の時代にありました。マイアー・アムシェル・ロートシルト（＝ロスチャイルド）は、当時の大貴族たちが喜んで収集していた、古い時代の金貨の通信販売で成功を収め、ついで中世以来の名門の血を引くヘッセン選帝侯の宮廷にも出入りを許されるようになります。

ヘッセン選帝侯は、自国の軍隊を傭兵《ようへい》として、他国に貸し出していました。たとえば、18世紀半ばのアメリカで高まる独立運動をくじくため、イギリスに頼まれて傭兵をアメリカに派遣するという複雑な取引業務を、マイアー・アムシェルが見事に代行したのです。そして巨額の手数料を手に入れることに成功しました。

マイアー・アムシェルには優秀な5人の息子がいました。彼は息子らをフランクフルト、ロンドン、パリ、ウィーン、ナポリといったヨーロッパ各地の経済的要所に駐在させることにします。

ロスチャイルド家の面々は、正しい情報を迅速に手に入れることを、何より大切にしていました。マイアー・アムシェルとヨーロッパ各地の息子たちはお互いに馬車を走らせ、ときには伝書鳩《でんしょばと》を飛ばして、情報を伝達し合ったそうです。

こうしたロスチャイルド家の情報伝達の精度や速度は、一国の政府を上回るほどでした。

ビジネスの好機――「ナポレオンが負ける」かどうか

マイアー・アムシェルの5人いた息子のうち、最も商才に優れていると目されていた三男のネイサン・ロスチャイルドが、ロンドンの中心部にある金融街・通称「シティー」の一角に仕事場兼住居を手に入れたのが、1810年のこと。現在もロスチャイルド銀行の建物がある場所です。

この頃の世界中で、最も市場経済の進んでいたロンドンにいながら、ネイサンが注目していたのはヨーロッパ大陸の情勢でした。一時は退位させられていたナポレオンがフランス皇帝に復位したため、大陸の各地で戦争が起きていました。

戦争はビジネスの好機でした。そして、1815年6月はネイサンにとって大勝負の月だったのです。

6月16日、ナポレオン率いるフランス軍と、彼を再び叩き潰《つぶ》したいイギリスやオランダ、およびプロイセンやオーストリア軍の連合国軍が、現在のベルギーの地で軍事衝突しはじめます。

後に「ワーテルローの戦い」と呼ばれるこの軍事紛争において、ネイサンは〝ナポレオンが負ける〟と踏んでいました。

しかしフランス皇帝の座に返り咲いた時点のナポレオンの勢いは想像以上に激しく、イギリス及び連合国軍は押されがちで、イギリス国債の値段は下がりぎみでした。

ところが、ネイサンはイギリスの国債や政府関連株を大量に仕入れていました。ナポレオンはすでに最盛期を過ぎており、フランスは負けるはずだという情報にもとづく、冷静な判断の結果です。**ナポレオンが敗れて、イギリスをはじめとする連合国軍が勝てば、彼の目論見《もくろみ》どおり、イギリス国債や政府関連株の値段は高騰《こうとう》する**でしょう。

どこよりも早く、「最新情報」を入手することにこだわって……

はたして18日、ナポレオンは前線の将軍たちに軍事判断を伝えそこない、それが原因で全面敗北してしまいました。しかし、この最新ニュースが海を越えてイギリスに届くまでには、まだまだ時間がかかりました。

一方でネイサンは、自身が所有する船「ロスチャイルド号」に、イギリスとヨーロッパ大陸間を毎日往復させていました。船が運んでくるのは大陸からの「最新情報」です。

そして海峡のあるドーヴァーから彼が住むロンドンまで、専用馬車を走らせることを繰り返し、ネイサンは情報を入手していました。しかもこれを毎日、どんな天候でも休まずに続けさせていたのです。

ネイサンのもとに「ワーテルローの戦い」でナポレオンが負けそう……という情報が飛び込んできたのが、20日の夜明け前でした。しかし、それでも当時としては世界最速の情報でした。ちなみにこのとき、イギリス政府はまだこの情報をつかんでいません。

やがて、ナポレオン完全敗北のニュースもネイサンのもとに飛び込んできます。**イギリス政府より24時間以上も早く、ナポレオン敗北のニュースを知ることができたのは、ロスチャイルド家専用の連絡網の下地あってのことでした。**

イギリスの勝利が確定すれば、国債の値上がりは確実です。

凡人であれば、この時点で勝利を確信し、それで終わりです。しかしネイサンはそうではありませんでした。

情報が届いたのが夜明け前で、朝9時の証券取引所の開場まで時間があったことも、彼の天才的な……あるいは悪魔的な〝ひらめき〟が生まれるきっかけとなったのかもしれません。

証券取引所で見せつけた〝悪魔のような小芝居〟

ネイサンはこの日、証券取引所に朝一番で姿を見せます。

しかしこのとき、彼は悲壮な面持ちで、顔色は真っ青でした。

そして**イギリスの国債などを「すべて」売りさばいてしまう自分の様子を、周囲の人々に「わざと」見せつけた**のでした。

当時の人々は1814年から毎日、ネイサン・メイアー・ロスチャイルドが「シティー」の証券取引所にやってきて、取引をまとめる姿を見ていました。ですから、彼らはネイサンが姿を見せるのは、ふだんなら午後3時～4時半頃だということも知っています。

あの情報通のネイサンが、朝一番で青ざめながらやってきて、イギリス国債をすべて売ってしまったということは……「ワーテルローの戦い」でイギリスはフランスに負けたのだ、と世間の投資家たちは思い込んでしまったのですね。

こうしてイギリス中で国債、政府関連証券の類いが投げ売りされ、その値段はみるみる暴落していきました。それを見たネイサンは大喜びです。
底値になった国債、政府関連証券などを配下の者に買い占めさせ、なんと証券取引所での上場株６割以上を、ネイサン一人で買い占めることに成功してしまいました。

イギリスに「ナポレオン敗北　イギリスと連合国軍の大勝利」のニュースが公式に入ったのが翌21日の午後のこと。

ネイサンの小芝居のおかげで暴落したイギリス国債などはすべて暴騰《ぼうとう》に転じ、その６割以上を手にしたネイサンの総資産は、約１日で２５００倍にも膨れ上がったといわれます。**彼がこの１日だけで手にした利益は、１００万ポンド以上。１ポンドが現在の日本の貨幣価値で数万円程度だといわれているので、何兆円規模の儲《もう》け**でした。

ネイサンがボロ儲けできた一方、所持していた国債を安値で失い、破産する人々がイギリス中で出たのはいうまでもありません。

「金儲け」以外のことには関心のない一生

ネイサンは陰謀家だったともいわれましたが、金融の世界でのクールでドライなや

りとりを好み、自分の金儲けのやり方が他人にどう思われるかには関心が薄かった人物ではないでしょうか。

一般的には道義的だとはいえない方法で、躊躇《ちゅうちょ》することなく、莫大な富と名声を得たロスチャイルド家。

1817年には、資金援助をしていたハプスブルク家から、「ロスチャイルド家の五人兄弟すべてを世襲貴族に列する」というお達しがありました。これによってネイサンも男爵となりますが、彼は爵位や勲章の類いにまったく興味を示しませんでした。

ネイサンは亡くなる1836年まで毎日、「シティー」の証券所に、自ら足を運び続けたそうです。

ヨーロッパ中を熱狂させた花「チューリップ」が引き起こしたバブル

ヨーロッパの歴史で最も愛され、憎まれもした花といえば、チューリップを置いて他にはないでしょう。

もともとは野の花でしたが、11世紀頃にはすでに品種改良が開始され、ペルシャやトルコの歴代スルタンたちはチューリップの美しさに魅了されました。

花の発色の美しさだけでなく、チューリップは品種改良を行なえばさまざまな色や形や模様、大きさの花が咲くからです。それが当時の人々にとっては、えもいわれぬ神秘的な魅力だったのでした。

〝エキゾチックで神秘的〟と評価された花

当初、チューリップは「愛の花」でしたが、16世紀くらいにはイスラム文化圏では

「神を象徴する花」にまで祭り上げられていきます。イスラム教徒の男性が布を頭にまくターバンにもチューリップの花が飾られました。

16世紀半ばには、ハプスブルク家から大使としてトルコに派遣されていたオージエ・ギスラン・ド・ブスベックが、花好きの皇帝フェルディナント1世にチューリップの球根を送ったという記録が残されています。

これが、ヨーロッパにチューリップが渡った最初期の例であり、**ウィーン・ハプスブルク家の宮廷庭園で咲いていたチューリップの品種改良に夢中になったのが、宮廷植物学者のカロルス・クルシウス**でした。

ところが1576年、クルシウスは突然、解雇されてしまいます。

皇帝は、植物好きだったフェルディナント1世から、芸術愛好家ではあるが植物には関心の薄いルドルフ2世に代替わりしており、おまけに熱心なカトリック信者のルドルフ2世は、クルシウスが新教徒であることが気に食わなかったのです。

こうしてクルシウスは、大量の球根とともに、新教国として知られるオランダに渡りました。1593年にはオランダのライデン大学の教授となり、彼の研究によって、珍しいチューリップの品種が次々と生まれました。

球根一つに「1億円」もの高値がつく事態に

しかし、人気が出るとともに、貴重な品種の球根がクルシウスの家から盗難される事件があいつぎ、盗まれた球根がオランダ国内の闇市場で取引される事態となりました。

園芸に興味がない人たちの間にさえ、**「チューリップの球根は金になる」**という暗黙の了解ができていたことを示す事件です。

チューリップの中でもとくに人気の高い品種、それも上質な球根には凄まじい高値が付きはじめたのが、1634年頃のことでした。

当初は、園芸マニアの金持ちたちだけが売り買いしていたのですが、「儲かる」という噂が広がるとともに、借金してでもチューリップの球根を買いあさる人々がオランダ中にあふれるようになります。そして、実際に彼らの多くが、球根の転売によって富を手にできました。

この頃、チューリップの球根の値段は上がる一方でした。

1636年に入ると、人々の儲けたいという欲求にさらに突き動かされ、チューリ

ップの値段の上昇率は「天井知らず」といえるまでになりました。

最も貴重で高価な品種とされた「センペル・アウグストゥス」というチューリップの球根一つを、12エーカーもの宅地の単純不動産権と交換する投機家まで現われます。

また同じ頃、この「センペル・アウグストゥス」の球根一つが、4600フローリンと新しい馬車、馬2頭、馬具一式と取引されました。1フローリン＝2・5万円ともいわれますので、なんとチューリップの球根一つに1億円以上もの高値がついてしまっていたのです！

珍種のチューリップの取引はオランダ国内の大都市、つまりアムステルダムやロッテルダム、ライデンなどの証券取引所のある街の定期市で行なわれました。球根がまるで金銀財宝のように扱われ、うやうやしく取引されたのでした。

欲望の奔流《ほんりゅう》はオランダからドイツ、フランス、イタリアなどにも達しはじめました。フランス国王アンリ4世の時代には、珍しい球根一つと有名ワイナリー一つが交換されたり、貴族の結婚の持参金代わりに球根が使われるなど、異様な熱狂を見せました。

ヨーロッパ中の財力を誇る女性たちの間では、宝石の代わりにチューリップを身に着けることが流行《はや》りました。珍しい生花は、ダイヤモンドとほぼ同価値で取引されたそうです。

この頃のオランダではチューリップを描いた静物画が量産されましたが、その理由はチューリップの実物より、画家に描かせた絵のほうがまだ安かったからだそうです。

〝バカ騒ぎ〟はあっけなく終わりを迎える

しかし……人心とは不思議なもので、チューリップの価格が高騰すればするほど、それに浮かれているだけではなく、球根「なんか」にこんな高値がつく「バカ騒ぎ」

が、長く続くわけがないという疑いも生まれがちでした。

実際、恐ろしいほどあっけなく「チューリップ・バブル」の崩壊はやってきました。

1637年2月3日、すべてのチューリップの球根の価格が暴落をはじめたのです。

簡単に理由を説明すると、**手持ちのチューリップの球根が値下がりする前に、現金化しておこうと売りさばく人たちの数が増加しすぎた**ためです。

時期も影響しました。チューリップの球根は「秋植え」です。春に花が咲くので、開花する時期の数カ月までには土の中に球根を戻し、栽培をはじめなければ枯れてしまうのですね。オランダではその最終リミットが2月初頭くらいなのです。それから夏前まで球根は土の中に置いておかねばなりませんから、商取引はできません。

まさにその時期、「球根の値段が下がりはじめた」というニュースを聞いた人々は焦ります。そして手持ちの球根を、この機会に現金化してしまおうと取引所に殺到したのでした。こうして例の高級品種「センペル・アウグストゥス」の価格も、昨年末の10分の1に落ちてしまいました。

球根の値下がりは深刻な社会問題を引き起こしました。球根は、あらかじめ定めておいた価格での未来の取引を保証する「先物取引」で売買されていました。しかし、球根の価格の暴落がはじまった1637年2月3日以前と以降では、値段がまったく違うのです。ある商人は卸《おろし》業者に対して球根の受け取りはもちろん、支払いすることをも拒否しました。転売するめども立たないものを昨年末の相場で買えば、破産してしまうからです。それでも商取引の契約取引不履行は犯罪ですから、当局が取り立てにやってきます。

こうして凄まじい数の破産者が、オランダ中で連日現われました。

「虚栄」や「生のはかなさ」を象徴する花に

それまでは好調だったオランダの国家経済ですが、あだ花めいた「チューリップ・バブル」の傷跡が残り、しばらく低迷が続くことになります。

また、**チューリップがヨーロッパの絵画に描かれる際には、「虚栄」などという裏の意味が隠されるようになりました。**チューリップはその開花期間の短さもあいまって「生のはかなさ」の象徴となり、**「死を想え（メメント・モリ）」**というメッセージを伝える花にされてしまったのです。

17世紀のオランダの絵画や音楽全般に諸行無常《しょぎょうむじょう》のアンニュイさが漂うのも、「チューリップ・バブル」の崩壊とは無縁ではないでしょう。

その後、遺伝学が確立され、チューリップの色や形の変化の法則も、以前ほど神秘のものではなくなった20世紀以降、球根の値段は安定するようになりました。

しかし「チューリップ・バブル」なしに、これほどまでにチューリップの花の品種改良が進み、またチューリップが、ヨーロッパから遠く離れた日本でも「春の花」として一般化することもなかったのです。

ハプスブルク家の世界帝国の財源を操った〝影の皇帝〟フッガー家

中世から近世にかけ、ハプスブルク家の皇帝の容貌にはあるジンクスがありました。**彼の顎《あご》が大きく立派であればあるほど、その人物の治世は華やかになる**というのです。外国大使から「顎のバケモノ」といわれたカール5世（1500―1558）の時代、ハプスブルク家はまさに絶頂期を迎えていました。

カール5世はその巨大な顎を動かし、欲望のおもむくまま、朝から晩まで大量の食事をビールやワインで流し込むようにして摂取していました。彼の顎は巨大すぎて噛《か》み合わせが悪かったので、ほぼ丸呑《の》みだったといわれます。

それでも、ウナギパイ、イベリコ産のソーセージ、イワシの入ったオムレツ、ヤマウズラの塩漬け、まるまると太った去勢鶏などの「大好物」を彼は食べ続けました。味付けは濃いのが好みで、料理にはシナモン、ナツメグ、クローヴ、コショウといったスパイスが大量にふりかけられていました。

コロンブスが「発見」した「新大陸アメリカ」をはじめとした世界各地から、スパイス類が大量にスペインに流入するようになっていたのです。

強力なリーダーシップを発揮するカール5世の指揮下、世界中に拡大する一方の帝国領は、世人から「日の沈まぬ帝国」とすら讃えられました。

しかし、**いくら食べても食べ飽きず、胃腸障害を起こしてすら食べ続けたカール5世の姿は、内実はボロボロのハプスブルク帝国の象徴だった**ように思われます。

ハプスブルク家の経済状況はカール5世の「絶頂期」の時点で大きくゆらぎ、傾《かたむ》きはじめてしまっていたのです。

資金がなければ「皇位の選挙戦」に勝てない……

カール5世は、神聖ローマ帝国皇帝をつとめたマクシミリアン1世の孫として生まれています。いわゆる「ヨーロッパの覇者《はしゃ》」の孫として生まれた彼は1516年、16歳の若さでスペイン国王に即位しました。

ちなみに「カール５世」は神聖ローマ帝国皇帝としての即位名です。

神聖ローマ帝国皇帝になった後は、ヨーロッパ各地を精力的に巡回、スペイン国王も兼務しました。スペイン国王としてはフェリペ１世のままですが、ややこしいので本稿では「カール５世」に統一して彼を呼びます。

カール５世は血筋的には、ヨーロッパ随一のサラブレッドです。

しかし父王・フィリップは、謎の病気でコロッと早死にしてしまっています。

後ろ盾となる人物に恵まれてはいなかった若き日のカール５世が、**祖父マクシミリアン１世から神聖ローマ帝国皇帝の地位を継承するためには、選挙戦を勝たねばなりませんでした。**

これが１５１９年、カール５世が19歳のときのこと。

神聖ローマ帝国皇帝は、ヨーロッパの実質的な支配主です。わかりやすくいえば、すべての国王たちの上に立つ存在、皆のリーダーとしての名誉職的な部分を持ちます。

世界史の教科書では、ハプスブルク家の当主が神聖ローマ帝国皇帝を世襲したと教えられがちですので、そのイメージが強いかもしれません。しかし、世襲がほぼ確実なものになるのはカール５世以降のこと。

皇帝選挙を勝ち抜くには、膨大な資金が必要でした。

カール5世が勝つには、身内や自分の財産だけではとても足りません。**南ドイツの大富豪・フッガー家から融資をとりつけ、それを皇帝選出権のあるヨーロッパ中の有力者、選帝侯たちにばらまき、ようやく彼は勝つことができたのです。**

「誰のおかげで、皇帝になれたと思っているのか」

カール5世が選挙で使った費用は85万グルデン＝425億円といわれます（16世紀前半の1グルデンは約5万円程度）。そして、そのうち54万グルデン以上を、フッガー家が肩代わりしたことが知られています。

当時のフッガー家当主、ヤコブ2世は、代々の家業である金融業に加え、新大陸貿易で香辛料を輸入するビジネスで大成功を収めていました。さらにフッガー家は、ハプスブルク家への多額の融資とその利子で儲ける新事業に乗り出しつつありました。

カール5世は、神聖ローマ皇帝となった後もスペイン国王を兼任していたので、「スペイン国王としての収入から借金を返済する」とフッガー家に約束していました。

しかし、そのめどがなかなか立たず、返済はあっという間に滞《とどこお》るようになりました。

怒ったフッガー家のヤコブ2世は、カール5世に手紙を送りつけました。

「陛下が私（の援助）なしに皇帝の位に就くことができなかったことは、明らかなところで（中略）もし、私があなたを見限って、フランスについていたとすれば、私に提示された莫大な領地と金を手に入れられたことでしょう」

いくら「債権者」にせよ、こんな脅迫めいた手紙を、こともあろうか皇帝に送りつけるヤコブ2世の無礼に、ハプスブルク家に仕える貴族たちは激怒したといいます。

ヤコブ2世が1525年に亡くなると、彼の甥にあたるアントン・フッガー（1493－1560）が新当主となります。このアントンは一計を案じます。

カール5世のところに出かけていって、彼の借金証文の束を暖炉《だんろ》に放り込み、当時まだかなり高額だったシナモンを着火剤にして、そのすべてを燃やしてみせたのです。シナモンは、カール5世がとくに好んだスパイスでした。

当時のフッガー家は、カール5世の巨額の借金を帳消しにしてなお、ビクともしないほどの財力を誇っていました。この〝借金帳消しの儀式〟は、恩義を与えたように見せながら「あなたはフッガー家の支配から逃れられない」と言っているようなもの。

しかも、香りは人間の記憶の奥深くに残ります。**食事のたび、香り立つシナモンに、カール5世はフッガー家の恩を思い出さざるをえなくなったことでしょう。**この頃のフッガー家が「**影の皇帝**」といわれたのも納得です。

「カトリック信仰の護持者になりたい」という野望のために

アントン・フッガーはある意味、先代よりも老獪《ろうかい》でした。カール5世個人が借金を返せないのであれば、カール5世の収入源をフッガー家で直接管理し、そこから確実に金を搾《しぼ》り取ろうという計画を現実のものとします。

カール5世は、目先の借金の帳消しと引き換えに、彼の収入の大部分を占めていた修道院からの地代を、フッガー家に直接、流れ入るようにされてしまったのです。

それでも、カール5世は理想の皇帝として歴史に名を残す野望から離れることができません。カール5世の野望とは、神聖ローマ帝国皇帝としてヨーロッパ全土を支配し、カトリックの秩序を行き渡らせたいという大きすぎる夢でした。

実際、「異教徒」オスマン・トルコをヨーロッパから追い返すのに成功して以降、カール5世は**「カトリック信仰の護持者《ごじ》」**などと讃えられました。

しかしその美名の裏で、カール5世の借金は増える一方でした。カール5世時代のスペイン王室の収入の平均65%が、各地の銀行家に提供される国債で消し飛んでいます。借金返済すらできなくなり、債務支払停止＝国家破産したのは、カール5世の治世で5回もありました。

美名とその高邁《こうまい》な理想の実現と引き換えに、カール5世は国家を何度も破産させていたのです。やがて1556年、カール5世はこの世に生きることのすべてに疲れ果てて退位、修道院に隠遁《いんとん》してしまいます。

カール5世はそのまま心が燃え尽きたかのように、2年後に亡くなりました。

二つの家の、滅びていく運命

カール5世の跡を継いだのが、息子のフェリペ2世（1527―1598）です。ちなみに彼も、かなりの大きさの顎の持ち主ではありました。

しかしフェリペ2世がスペイン国王の座を継承したとき、**この先5年分の王室の全収入が、当面の借金返済策として、南ドイツのフッガー家や各地の銀行家に譲渡され**

る約束がかわされていたことを知ります。

おまけにフェリペ2世は顎が大きいだけで、君主としてはパッとしなかったのです。父親同様に「カトリック信仰の護持者」と呼ばれたいがために、フェリペ2世はプロテスタントが多かったネーデルラント北部（現在のオランダ）の商人たちに、カトリックに改宗するよう迫りました。

このため、ネーデルラント北部における独立運動が１５６８年以降増え、１６４８年には「オランダ独立宣言」を出されてしまいます。

こうしてオランダからの税収がなくなり、それはスペイン王室の巨大な収入源が失われたことを意味しました。こうなるとスペイン王室は、フッガー家などから借りた金を返すに返せなくなっていきます。

そして、**スペイン王室の返済能力を見極めずに融資しすぎたフッガー家も、没落の一途をたどりました。**フッガー家の栄光も、スペイン王家のたび重なる「自己破産」によってどこへやら。17世紀半ばには、歴史の表舞台から消えて行かざるをえなくなったのでした。

英仏の両方で戴冠した唯一の王妃、アリエノール・ダキテーヌ

イギリスとフランスの両方で戴冠《たいかん》した王妃が史上、一人だけいます。彼女の名前はアリエノール・ダキテーヌ。**「12世紀で、最も強力な女」**といわれた女性です。また、その子孫が欧州各地の君主や妃となったことから、**「ヨーロッパの祖母」**とも呼ばれる女性です。

1122年（一説には1124年）に生まれ、1204年に83歳で亡くなるまでの長い生涯を通じ、教養と美貌、そして強引な政治手腕で知られました。

彼女の父・アキテーヌ公はフランス有数の大貴族でした。**嫡男《ちゃくなん》が生まれなかったため、彼女が一人でフランスの約4分の1を占める広大な領土を継承**しています。

アキテーヌ公爵家を背負って立つ以上の将来を期待されていたアリエノールは、15歳のとき、2歳年下のフランス王太子ルイのプロポーズを受けることにします。

結婚式は1137年7月25日に挙げられ、その早くも1週間後に王太子ルイはフランス国王ルイ7世となりました。彼の父・ルイ6世が急死したからです。アリエノールは15歳の若さで王妃、つまりフランスで最も身分の高い女性となりました。

まるで〝僧侶〟のようなフランス国王を夫にして

しかし……彼女の新婚生活は満足できるものではありませんでした。ルイ7世は、亡き父親に言われるがまま、財産目当てでアリエノールと結婚したにすぎません。夫に愛人がいたのなら、まだマシです。アリエノールのライバルは女ではなく、神でした。ルイ7世は熱心なキリスト教徒で、しかも純潔願望が強すぎる人物でした。二人の間には、子供が生まれる気配もありません。

「国王と結婚したはずが、彼は僧侶だった」と、のちにアリエノールはつぶやいています。

1144年、アリエノールは策をめぐらし、当時のキリスト教界の権威だった聖ベルナールからの「助言」を得ることに成功します。

妻とベッドインすることは罪でもケガレでもないという話をしてもらったのでしょ

う、その効果は確かにありました。ルイ7世との間に女の子マリーを授かったのが、その1年後のことでした。しかし、フランス王国にはかつて女王が存在した例はなく、なるべくなら男の子が欲しいのです。子作りは継続されます。

そのため、というべきでしょうか。実に珍しいことに、国王夫妻は揃《そろ》って1147年の第二次十字軍に参戦しています。**ルイ7世は聖地エルサレムをイスラム教徒から奪還するのが目的ですが、アリエノールはハネムーン気分**です。

場所と気分を変えれば、夫も変わるだろうと信じていたのでしょう。アリエノールは天蓋《てんがい》付きベッドや宝石、豪華なドレスまでを従者に運ばせており、彼女とその荷物の護衛専用に一師団が形成されたほどでした。

「世の中には夫以外の男もいる」

しかし十字軍に参加した約2年の日々の中で、アリエノールとルイ7世の仲は決定的に終わりました。おそらくですが、窮屈な王宮を離れ、中東の太陽と月の光を浴びて、ロマンティックな気分の25歳のアリエノールは、「世の中には夫以外の男もいる」という事実に気づいてしまったようなのです。

とくに23歳年上の彼女の叔父レーモン・ド・ポワティエとアリエノールの「異様な親密さ」は、ルイ7世から聖人君子の仮面をはぎ取るほどでした。レーモン・ド・ポワティエは、確かに年長ですが「背が高く、同年代人の誰よりも体格がよく美しい」のです（歴史家ギヨーム・ド・ティールによる記録）。

ルイ7世は嫉妬のあまり、レーモンに危険な任務を押し付けた上で見殺しにし、アリエノールも監禁してしまいました。

二人は別々の船に乗ってフランスに帰国します。アリエノールは妊娠中でしたが、1150年に生まれたのも、アリックスという女の子でした。

それからしばらくして、アリエノールとルイ7世は離婚しています。

キリスト教的なモラル全盛期の中世に、よくもまぁ教皇ハドリアヌス4世から離婚の了承が得られたなぁと思われます。この離婚が認められたのは**「ルイ7世とアリエノールの間には遠い血縁関係があり、それは近親結婚にあたるため、当初から結婚が成立していなかった」**という理由でした。

王女たちの親権はルイ7世に取られましたが、アリエノールの持参金は全額戻ってきました。結婚によってフランス王国に併合される形になっていた彼女の領地も、すべて返還され、再婚の権利も得られました。

英仏の「百年にわたる戦争」の遠因となった結婚

さて、ルイ7世との離婚からわずか2カ月後、アリエノールは11歳年下のイギリス王太子（のちの国王ヘンリー2世）と電撃結婚してしまいました。ルイ7世に対するあてつけ以外の何物でもありません。

イギリス王家に嫁いだ後のアリエノールは、ヘンリーとの間に生まれた多くの子供たちに、例のフランスにおける広大な自領を相続させていきます。

後年、**イギリスとフランス両国は、1世紀の長きにわたって領土を奪い合う「英仏百年戦争」に突入していきますが、その発端はアリエノールの離婚・再婚にまつわる領土の相続が尾を引いたもの**でした。アリエノールは歴史を動かす結婚・離婚をした女だったのです。

しかし、英国王妃としてのアリエノールの日々はまるで灰色です。ヘンリーは若くても、前夫ルイ7世のようにひ弱ではありません。1154年、国王ヘンリー2世となってからはさらに強権的となり、アリエノールは常に夫の監視下に置かれました。

結婚生活の最初の20年は妊娠と出産、そして育児のうちに過ぎていきました。

1160年頃からは、ロザモンド・クリフォードという若い愛人女性をあからさまに優遇するようになった夫を嫌ったアリエノールはイギリスを離れ、フランスに帰って実家のアキテーヌ公爵領での別居をはじめます。

息子たちに、父親に反旗を翻すよう仕向ける

しかし、優雅な別居生活は、彼女の本当の野望の隠れ蓑《みの》にすぎませんでした。**母親である自分になついている王子たちを使い、彼らの父親ヘンリー2世を憎ませ、謀反を起こさせようとたくらんでいたの**です。

1173年、アリエノールは最愛のヘンリー王子（ヘンリー若王）に、父への反乱事件を起こさせます。

彼女にとっては残念なことに、このたくらみは失敗しました。**アリエノールはこのときから、約15年にも及ぶ幽閉生活を余儀なくされました。**ヘンリー王子は翌年、父親と和解しますが、1183年に熱病に冒《おか》され死去しています。

しかし英国王ヘンリー2世は老いる一方なのに対し、王子たちは成長していきます。「時間」がアリエノールの味方となり、王室内の勢力関係が、ついに逆転するときがきたのでした。

1188年、アリエノールが目をかけていた三男のリチャードやその弟たちが、父・ヘンリー2世に反旗を翻《ひるがえ》します。あいつぐ息子たちの反乱に追い詰められ、失意の中で病気をこじらせたヘンリー2世が翌年亡くなると、アリエノールは長年に及ぶ幽閉から解放され、ようやく自由の身となったのでした。

その後の彼女はイギリス王室のお家事情に精力的に介入し続け、83歳という当時としては驚異的な長寿をまっとうして亡くなりました。

ルネサンス以前の中世ヨーロッパは「暗黒時代」などとよくいわれますが、現代以上に奔放な人々がたくましく生きていたのです。

ロシアの指導者・スターリンの死の真相は〝見殺しにされていた〟?

「一人の人間の死は悲劇だが、数百万の人間の死は、統計上の数字でしかない」

これは、自国ロシアの人命を一説に2000万人以上も奪った、ヨシフ・スターリンが語ったとされる「名言」です。実際の出典は不明ですが、スターリンの死生観、そして政治家としてのポリシーはこの言葉に尽きるでしょうね。

ロシア帝政時代末期の1879年、グルジア地方の靴職人の家庭に生まれたスターリンは、まじめな神学生でした。

そんな彼が宗教を否定する共産主義にかぶれるのは、まさに運命の皮肉です。図書館で禁書とされていたカール・マルクスの著作を読みふけるようになり、スターリンは一変します。革命運動に没頭し、勉強もしなくなりました。

1917年、ロシア革命で帝政《ていせい》が倒れます。その後もスターリンは共産主義の政治家として活動を熱心に行ない、１９２０年代後半には、早くもソ連の未来の指導者候補と呼ばれ、頭角を現わしました。

体調不良のレーニンから権力を譲り受け、ソ連の最高権力者で首相職に相当するソビエト連邦共産党書記長に、43歳でスターリンが就任したのが１９２２年４月３日のこと。

それからが約31年間に及ぶ、スターリン時代のはじまりです。

数十万人もの国民を「強制収容所」で死ぬまで働かせる

スターリンの政策はめちゃくちゃでした。

１９２９年末には、ロシア全土の農民たちは「コルホーズ」と呼ばれた集団農場にまとめて住まわせられ、収穫物はすべて国が徴収することにされました。一切の私有は厳禁です。

反対者は容赦なく処罰され、２年間の間に「問題を起こした」39万人が強制収容所送りとなり、そのうち2万１０００人は銃殺刑となりました。

「囚人を矯正《きょうせい》し、魂を鍛《きた》え直す労働」を科される強制収容所の暮らしは、コルホーズ

自国民を虐殺し続けたスターリン

よりも格段に悪く、1日16時間、スターリンが望んだ金鉱《きんこう》の採掘や土木作業に従事させられ、死ぬまで働かされるのでした。

囚人たちがやってくるのはだいたい夏でしたが、彼らの大半が冬を越せず、毎年数十万人が命を落としました。

「国家の福祉増進という高潔な目的のために、日夜努力せねばならない。

国内の工業化を実現するためには、ある種の犠牲も覚悟しなくてはいけないし、国民は耐久生活を送らねばならない」

スターリンはのちにこう言いましたが、まさに犠牲ばかりの耐久生活を国中が強いられたのです。

スターリンの死の「目撃者」の不審な証言

それでも、己が暴虐の限りを尽くしていると自覚できる正気が、まだ彼にも残っていたのでしょうか。スターリンは「自分は暗殺されるかもしれない」という妄想に取り憑かれていました。食事は部下に毒見させるだけでなく、医者すら信用せず、薬もなるべく飲もうとしないのです。

1953年3月、それまで壮健だったスターリンに、死の順番が回ってきました。雪の重みに枝がとつぜん折れるような死に方でした。

公式発表によると、

「モスクワ郊外にあったダーチャという地域の別荘にこもっていたスターリンは、脳卒中で倒れた。**その発見が遅れたので、手のほどこしようもなかった**」

というのです。

しかし、彼の死をめぐる有力者の証言は見事なまでに食い違っており、筆者には、**「脳卒中に倒れたスターリンが、彼に死んでもらいたかった部下たちによって、見殺しにされた」**

としか読めません。

スターリンの後、熾烈《しれつ》な権力闘争を勝ち抜いてロシアの最高実力者となったニキータ・フルシチョフの証言をまとめると、

「2月28日（土）の朝方まで続いたパーティーの後、ご機嫌になったスターリンは別荘の寝室に引きあげた。われわれは帰った」

「28日の土曜日丸一日、そして翌日にあたる3月1日の日曜日も、スターリンからの呼び出しはなかった。土日もスターリンから私用で呼びつけられないのは、珍しいことだった」

「3月1日（日）の夜遅くになって、寝ようとしていたら同僚から『スターリンが倒れた』という連絡があり、急いで彼の別荘に向かったら、スターリンが死にかけていた」

というのです。

このフルシチョフが、のちにソ連の最高権力者となったことから、他の人物の証言はなかったことにされました。

しかし、スターリンについて、最初の本格的な評伝を書いたロシアの歴史家ヴォルコゴーノフは、フルシチョフの発言は時間軸すらおかしなもので、アリバイは成立しないことを指摘しています。

「倒れているスターリン」を放置した人物は……？

ヴォルコゴーノフによると、「スターリンは、別荘で2月28日（土）の昼間から翌朝4時まで、厳粛《げんしゅく》な会議を行なっていた。不機嫌なスターリンはフルシチョフをはじめ、重役らに当たり散らかした」（『勝利と悲劇　スターリンの政治的肖像』）。

フルシチョフの証言とは食い違い、スターリンはご機嫌どころか、怒り狂っていたことがわかります。ヴォルコゴーノフはさらに興味深いことを述べています。

「翌日、3月1日の正午になっても、スターリンは起きてこなかった。別荘の召使いたちはようやく異変に気づいた。しかし召使いからスターリンに働きかけることは禁止されていたので、様子をうかがっていると、夜6時半頃、別荘のスターリン専用エリアの書斎に明かりがついた」

「しかしその後もスターリンからは何の連絡もない。夜11時頃、意を決して部屋の扉を開けて進んだところ、食堂でスターリンが倒れている姿を召使いは発見した。スターリンは起き上がれず、左手を上げて助けを求めるような仕草をした」

以上をまとめると、**何者かが、夜6時半に別荘内のスターリンの専用エリアに侵入。その際、電気をつけた。スターリンが倒れているのに気づいたのだろうが、意図的にそれを放置した。**夜11時、叱られるのを覚悟でスターリンの様子を見に行った召使いたちが、倒れている彼を「発見した」ということなのでしょう。

医師が診たときには、スターリンは脳卒中の発作からすでに10～12時間以上も経過した状態だったため、手遅れでした。

その後、目覚めたり、気を失ったりを繰り返すスターリンのそばで、スターリンが重要視し、ナンバーツーとしていたお気に入りの部下ラヴレンチー・ベリヤが、狂気じみた動作を繰り返していました。

スターリンの意識がないときのベリヤは「オレはこいつにひどい目に遭わせられたのだ！」と罵詈《ばり》雑言《ぞうごん》を浴びせかけます。しかしスターリンが目を開くと打って変わって、そっと彼の手を握り、やさしい眼差しで彼を見つめたという記録が、スターリンの娘によって残されています。

明確な意識は戻らぬまま、1953年3月5日にスターリンは亡くなりました。

スターリンの死後、彼の腹心の部下だったゲオルギー・マレンコフが、閣僚会議議長（首相）と筆頭書記の座を継ぎます。例のベリヤは第一副首相となりました。

しかしベリヤは同年12月23日に、イギリスとの内通という架空の罪をでっちあげられて処刑され、マレンコフも数年のうちに失脚してしまいました。

一時は**「赤い皇帝」**とまで呼ばれたスターリンの恐るべき影響力は、あっという間に消え去ってしまったのです。

そして1961年、スターリン批判は高まる一方で、完全防腐処置をほどこされ安置されていたスターリンの遺体も、廟《びょう》外へ出され、地中にまるで廃棄されるかのように埋められてしまいました。

6章　破滅への衝動……人は静かに堕ちる

——こうして、運命の歯車は狂ってゆく

19世紀末の悲劇——皇太子ルドルフの「心中事件」の真相

1889年1月30日、ハプスブルク家の皇太子ルドルフが、新興貴族の娘、マリー・フォン・ヴェッツェラ男爵令嬢と心中したというニュースは、世界中を震撼《しんかん》させました。

このとき、ルドルフは30歳、マリーはもうすぐ18歳という若さでした。

ルドルフには妻子がいました。ベルギー王室からステファニーを妃に迎え、約9年が過ぎようとしていた頃です。二人の間には、目立って深い愛情はないものの、エリザベートという6歳の女の子がいました。ルドルフの母・エリザベート皇后と同じ名です。

かわいいさかりの年頃の娘を捨ててまで決行された心中には、ルドルフの暗く、すさんだ心が象徴されているようです。

皇太子ルドルフはなぜ孤独を深めていったか

ルドルフは、1858年8月21日にフランツ・ヨーゼフ皇帝とエリザベート皇后を両親に生まれました。皇帝夫妻にとって、ルドルフはたった一人の皇子であり、大切な跡継ぎでした。

繊細そうな表情のルドルフ

7歳までは、祖母である皇太后ゾフィーの方針でスパルタ式の軍隊風教育を受けて苦しみ、それ以降は母エリザベートが選んだ自由主義者の教師陣に「新しい思想」を叩き込まれ、**ルドルフは皇太子の身でありながら、警察からマークされるほどの危険思想の持ち主**になっていました。

政治思想家としてのルドル

フは非常に先進的だったといわれます。ルドルフは国民の労働時間の短縮、児童労働の禁止などに賛成していました。格差の大きさを嘆き、私有財産制を変革したいと考えていました。

しかし彼の父であるフランツ・ヨーゼフ皇帝は慎重派で、野心家のルドルフを政治に参画させようとしませんでした。**ルドルフは、自分は父親に否定されたと感じ、傷つき、素性あやしげな女たちや、活動家たちと交わるようになります。**

当時、不治の病の一つであった淋《りん》病にも、1886年頃に感染したようです。ステファニー妃にも病がうつり、卵巣がやられてしまったので、ルドルフ夫妻には女の子が一人いるだけで、今後、皇位継承権のある男の子を持つ見込みがなくなりました。結婚から約3年目の悲劇でした。

すべてに倦《う》み、絶望したルドルフの中で、死の願望は膨らみつつあったのです。

「心中相手」に、なぜその男爵令嬢が選ばれた?

ルドルフが、心中相手となるマリー・ヴェッツェラ男爵令嬢と王宮で会ったのは、1888年11月5日のことでした。30代に入り、病気のこともあって老けたにせよ、ハンサムなルドルフに取り入ろうとする女性たちはたくさんいました。マリーはその一人です。

この面会は、**上流階級相手にひそかに愛人紹介業を営《いとな》む、ワレルゼー伯爵夫人（エリザベート皇后の姪《めい》）の手引き**でした。彼女たちのような新興貴族の女性にとって、ハプスブルク家のプリンスは「アイドル」のような存在だったことがわかります。

ルドルフがなぜ、マリーと一対一で、この時期に面会をしようと思ったかはわかりません。自分に夢中で、意のままに動く世間知らずの娘を、心中相手として探そうとしていたのかもしれませんね。

王宮内の自分の執務室にマリーを案内したルドルフが席を外したとき、マリーはルドルフの机の上に拳銃とドクロが置いてあるのに気づきます。彼女がドクロを手にとってしげしげと見つめていると、部屋に戻ってきたルドルフはびっくりしてそれを取り上げてしまったとか。

貴族令嬢で美しい髪の持ち主という以外は平凡な少女のマリーが、ルドルフにのめり込んでいったのは運命の悲劇でした。

翌1889年1月13日、ルドルフとマリーは男女の関係となりました。

マリーは興奮し、**「私たちは今では身も心も一つになったのよ」**と知人女性に手紙を書き送ります。

また同時期、マリーはヘビースモーカーだったルドルフのために、「親切な運命への感謝をこめて！　1月13日」と文字を刻ませたシガレットケースを買い求め、プレゼントしています。

“死への道筋”が開けてしまった瞬間

ルドルフとマリーの関係は「世紀末の悲恋」などと美化されがちですが、少なくともルドルフは、マリーをただの火遊びの相手としか考えていませんでした。

深夜こっそり家を抜け出したマリーが、王宮の裏口からルドルフの部屋にしのび込む姿も見られるようになりました。しかしルドルフは悪友たちに**「マリーは、毛皮のコートの下に（下着に相当する）ナイトガウンだけでやってきた」**などと暴露し、楽しんでいたのです。

一方、マリーは哀れにも真剣で、**「不幸な皇太子を慰めてあげるのが私の義務」**などと言い、周囲に交際を反対されても聞く耳を持ちませんでした。

マリーの母の男爵夫人も娘の情事に気づきます。彼女は娘の将来を危ぶむあまり、対処に失敗してしまいました。男爵夫人は弟アレクサンダー・バルタッツィを呼びつけ、マリーとの結婚を命じたのです。叔父と姪の結婚ですが、当時はまだ普通にあることでした。

1月28日には、男爵夫人の実家・バルタッツィ家の出身地があるトルコ・コンスタンチノープルに弟と娘を旅立たせることにしました。

マリーは憔悴《しょうすい》し、ルドルフと引き裂かれる未来を嘆きました。これを聞いたルドルフは、この愛してもいない娘との心中を思いつきます。

ちょうど28日の翌日には、ルドルフの妹ヴァレリーの婚約発表と、それに伴う宮廷晩餐会《ばんさんかい》が予定されています。両親へのあてつけには、もってこいの時期ではないですか。

銃とドクロを執室の机の上に置いているルドルフにとって、わずらわしい生のすべてを無に還《かえ》してくれる死は、漠然とした憧れだったのでしょう。その死にスムーズにたどりつける具体的な道筋が、彼の前にとつぜん現われてしまったのでした。

「これ以上は、生きていけません」

マリーがウィーンを発つ予定だった1月28日朝、彼女は姿を消しました。ルドルフにマリーを紹介したワレルゼー伯爵夫人がマリーの家に現われ、「お買い物にちょっと付き合って」とマリーを連れ出しています。

ワレルゼー伯爵夫人が店にいる間に、馬車の座席で待っていたはずのマリーの姿が消え、そこには置き手紙がありました。

「これ以上は生きていけません。あなたが私に追いつく頃はもう手遅れで、私はドナウ川の底に眠っているでしょう」

同じような手紙が、マリーの部屋にも残されていました。哀れなマリーは利用されていると知らず、手紙の中で母親に**「愛には勝てません」**などと言っています。

ルドルフの部屋に残された伯爵夫人からの手紙によると、すべてはルドルフによる計画で、伯爵夫人は彼に協力させられていたことがわかっています。

一方、ルドルフに張り付いていた警察諜報《ちょうほう》部員の一人によると、ルドルフは28日の朝3時まで、最愛の愛人ミッツィー・カスパルと過ごし、ミッツィーと別れるときに彼女の額《ひたい》に十字を切る姿が目撃されています。

このミッツィーこそ、ルドルフが何年も前から大金と愛情のすべてを注いでいた女でした。子役俳優あがりの高級娼婦で、成人してからも歌手・女優を自称するものの、ステージに立った記録は残されていません。

さて、約束していた午後1時を少し回った頃、ルドルフはマリーとの待ち合わせ場所だったウィーン近郊のレストランに姿を現わします。諜報部員の目を盗んで、直前までミッツィーとまた会っていたのでしょうか。彼は奇妙なほどに上機嫌でした。

本当に愛した女はあの世に連れて行かない。これがルドルフの選択だったのです。

「誰も入ってくるな」と部屋に引きこもった二人

ルドルフは自分の馬車にマリーを乗せ、雪山を越えてマイヤーリンクにある別荘に向かいます。冬場、ウィーンからマイヤーリンクまでは、馬車で約3時間（ちなみに鉄道では約50分）ほどかかります。到着は1月28日夕刻でした。

二人は、29日の深夜に死ぬ予定でした。しかしルドルフは何を思ったのか、電報でウィーンから親友二人を呼び寄せています。

ホヨス伯爵と、皇太子妃ステファニーの兄であるコーブルク公爵の二人です。彼らは29日早朝に、別荘に到着しますが、マリーが同じ建物にいることは最後まで知らないままでした。別荘とはいえ、かなり広い屋敷だったからです。

29日のルドルフは、狩をしようと呼びつけた友人たちを前に「**僕は風邪を引いたから、君たちだけで楽しんでこい**」などと言います。また、夜6時から予定されていた、妹ヴァレリーの婚約発表を祝う宮廷晩餐会をキャンセルする電報を打たせました。それも、祝宴がはじまる1時間たらず前でした。これは父親へのあてつけです。

この二人の友人のうちコーブルク公爵だけが、宮廷晩餐会のためにウィーンに戻りました。翌30日朝にはともに狩をするため、別荘に戻るという約束です。残ったホヨス伯爵とルドルフは夕食をとり、早々と部屋に引き下がりました。

このとき、ルドルフは従者のロシェックという男に「**私の部屋にはこの後、誰も入れてはいけない。皇帝陛下でさえもだ**」と厳命します。ロシェックはルドルフが愛人であるマリーを連れてきているのを知っていたため、楽しみたいのだな、と勝手に推察し、その場を去ったのでした。

しかし二人は抱き合うこともなく、遺書を書いて最後の夜を過ごしています。翌朝、ベッドには使用した形跡はありませんでした。

ルドルフの本心を疑いもしないマリーは、幸せの絶頂だったでしょう。しかし、彼が何を考えていたかはまったくわかりません。**そして遅くとも深夜0時過ぎには、マリーはルドルフによって、こめかみをピストルで撃ち抜かれて死んだ**ことが、検視官たちの手によって判明しています。

怪しんだ友人二人が、部屋に押し入ると――

1月30日の朝6時頃、部屋に声がけするのをためらっている従者ロシェックの前に、部屋着姿のルドルフがやってきて「もう一度寝るが、7時半きっかりに起こしてくれ」と命じます。

朝食の準備と、さらに「今日こそ友人たちと狩にいく約束なので、御者を呼んでおいてくれ」と言うと、口笛を吹きながら部屋に戻っていったそうです。**自ら殺《あや》めたマリーの遺体と一夜を明かし、これから自分も死のうとしている人間の態度とはとても思えません。**

7時半になったので、ロシェックは部屋をノックしましたが、物音一つ聞こえぬままでした。8時、ウィーンからコーブルク公爵が戻ってきましたが、やはりルドルフの部屋は静まりかえっています。

このとき、ロシェックから「実は、マリー・ヴェッツェラ男爵令嬢とルドルフが部屋にいる」と告げられた二人の貴族は、異変に気づき、鍵のかかったドアの羽目板《はめいた》を叩き壊して内部に入ります。

ルドルフとマリーは、血まみれのベッドの上に倒れていました。

ルドルフの頭の半分は吹き飛んでおり、部屋中が彼の血と脳で汚されていました。**マリーの顔には笑みのような表情が残っていました。**ルドルフに銃殺されたにもかかわらず、マリーは愛する人とともにこの世を旅立てる喜びに満ちて死んだのでしょう。

彼女はなぜか上半身裸でしたが、ルドルフによって、その豊かな長い髪で身体は隠されていたといいます。両手を胸元で組まれ、手の間には一輪のバラが差し込まれていました。少なくともルドルフの心中に、自分の自殺願望に巻き込まれてしまった、罪もなくまだ若いマリーに対する哀れみが芽生えていたことはわかります。

朝方、従者に「二度寝」を宣言した後、鼻歌を歌いながら自室に引きあげたルドル

フは、手鏡を見ながら、こめかみに銃をあて、そのまま引き金を引いたとされます。

ベッドのサイドテーブルの上には、そこに落ちた衝撃で一部が壊れた手鏡がありました。

今なお謎が残る〝死の現場〟にまつわる矛盾

それにしてもなぜルドルフは、すぐに後を追わずに、自分が殺した少女の血まみれの遺体と過ごそうと思ったのでしょうか。

さらに最低で2発の銃声が聞こえたはずなのに、山荘にいた従者ロシェックやホヨス伯爵は、誰も何も気づかなったのはなぜなのでしょうか。いくら山荘が広いとはいえ、疑問は残ります。

「朝6時に、2発の銃声を聞いた従者ロシェックが異変に気づいて、ドアを破った」という説も伝わりますが、これは山荘にいた人々の証言や、何より「マリーとルドルフの死亡時間に6時間ほどの差があった」という検視官の調査結果と矛盾しています。

マリーを撃った銃弾が部屋のどこからも見つからなかった点も、実に奇妙です。

このように二人の死には不自然な点が多く、それゆえ当時から暗殺説も囁かれ続けているのですが、現在となっては実証は不可能です。

「皇太子の自殺」という絶望に襲われる皇帝一家

さて、従者のロシェックに続いて部屋に入ったものの、凄惨な光景を前に腰を抜かしたコーブルク公爵の代わりに、ホヨス伯爵が単身でウィーンに戻ります。

王宮では、まずエリザベート皇后に面会することにしました。**自殺はキリスト教徒には最大の罪ですから、皇后には「ルドルフが若い娘に毒を盛られて死んだ」と伝えました。**しかし、これはよけいに残酷な気遣いでした。

エリザベート皇后は、否定のドイツ語である「Nein《ナイン》」を3回繰り返して叫び、大粒の涙を流して悲しみました。そこに皇帝がやってきます。二人は短い会話を交わしますが、その内容は残されていません。皇帝一家の中で、ルドルフの死を最後に伝えられたのが、妻のステファニーでした。このことは彼女の立場の低さを象徴しています。

ちょうどこの頃、帰ってこない娘を心配したマリーの母親の男爵夫人が、エリザベートに面会を求めます。娘がルドルフに連れ去られたと主張する男爵夫人に、エリザベートは冷ややかに**「あなたのお嬢さんは亡くなったのですよ」**と告げました。そしてこう付け足しました。**「私のルドルフもよ」**

　このとき、皇帝夫妻はまだ息子は自殺したのではなく、マリーに毒殺されたのだと信じ、マリーを憎むことで心のバランスを取っていたようです。しかし、実際は自殺で、しかもルドルフがマリーを殺し、自分はピストル自殺したのです。

　マイヤーリンクに検死のために派遣された医師たちは、30日中に王宮に戻りました。息子の死の真実を知ってしまった皇帝夫妻の衝撃は、ある意味、彼の死を知ったとき以上だったようです。

　2月1日は大雨でした。ルドルフの被害者なのに、彼を殺した犯人のような扱いを受け、粗末に扱われたマリーの遺体が、雨のために予定より1日遅れでマイヤーリンク近辺の修道院敷地に埋葬されました。

　ルドルフの国葬は2月5日でした。自殺者でしたが、なんとかローマ教皇の同情を得て、ハプスブルク家代々の遺体の眠るカプツィーナー教会の地下霊廟《れいびょう》に運び込まれています。息子の死を受け入れられないエリザベート皇后は、最後まで葬儀にやってきませんでした。

その後、ルドルフのマイヤーリンクの別荘は、エリザベートの強い意向で教会に改修されました。1889年11月、皇帝夫妻は工事が完了した別荘に出かけ、ルドルフが死んだ部屋に作らせた礼拝堂で行なわれたミサに参加しました。見守る廷臣たちの前で、フランツ・ヨーゼフ皇帝は**「私の哀れな息子よ！　ルドルフ！」**と絶叫したそうです。

もし、皇帝夫妻が仕事や美容にかまけるだけでなく、生前からルドルフを本当の意味で思いやり、愛を伝え、心が通い合っていたのなら……こんな悲しい結果にはたどりつかなかったのではないでしょうか。

ハプスブルク家の治世の最後を血の色で彩る「マイヤーリンク事件」には、男女というより、ある破綻《はたん》した家族の悲劇が隠されているようです。

強く、ワイルドでありたい——「男らしさ」に命を奪われたヘミングウェイ

20世紀前半を代表する世界的文豪、アーネスト・ヘミングウェイ。

彼は新聞記者として、あるいは赤十字の一員として戦地におもむき取材をするうち、「ハードボイルド」と呼ばれる独自の世界観を持つ小説を書くようになり、文壇で頭角を現わしました。

ヘミングウェイの行動、そして文学をつらぬく核は、何よりも**「男らしさ」**でした。

ヘミングウェイは、非常にアクティブでワイルドだった彼の父クラレンスから、ボクシング・フィッシング・狩猟などと「男らしい」趣味の数々を受け継いでいます。

父のクラレンスは医師でしたが、重度の鬱症状に悩まされた結果、ヘミングウェイが30歳だった1929年に拳銃自殺を遂げてしまいました。

クラレンスも悩んでいた不眠症、誇大妄想、深刻な鬱状態と躁《そう》状態の入れ替わりな

どの症状は、息子のアーネストに受け継がれただけでなく、彼の弟、姉、妹にもすべて発現しています。いわゆる狂気の遺伝と芸術的才能の関連性については、いまだに結論は出ていませんが、気にかかるエピソードではあります。

諸説ありますが、ヘミングウェイは父親の拳銃自殺の直後から、自らをなぜか「パパ」と呼ばせるようになりました。すでに子持ちでしたが、そのパパというわけではないでしょう。

ヘミングウェイが「パパ」と名乗りはじめたのは、心の病と戦い、敗れてしまった父親のぶんまで自分は雄々《おお》しく生き抜くぞという意思の表われではないか、と筆者は考えます。

しかしこの頃すでにヘミングウェイ本人にも、深刻な憂鬱症の症状が出ていました。

「男らしくあること」への病的なこだわり

ヘミングウェイの作家としての地位が確立された1930年代、マスコミはメキシコ湾でクルージングや漁《りょう》をしたり、アフリカのサバンナでジープを駆《か》り、狩猟をしている「男らしい」彼の姿を報道しました。

この手のレジャーは当時、ヘミングウェイの二人目の妻・ポーリーンのきわめて裕福な叔父の金を使って行なわれていました。

そこまでして〝活動的な自分〟、いや**〝男らしい自分〟を世間にアピールしたいというヘミングウェイの欲求**に、病的なものを感じるのは筆者だけでしょうか。

「男らしい姿」をアピールしたがったヘミングウェイ

作家としての彼が死ぬきっかけは1954年、ヘミングウェイが4番目の妻・メアリーとともにアフリカを訪問したときに訪れました。

例によって、ジープを派手に駆って猛獣を仕留める狩猟が、旅の目的です。しかしアフリカの地で、ヘミングウェイはなんと2日連続で飛行機事故に遭《あ》うことになるのです。

妻と一緒に、観光地であるマーチンソンの滝（ウガンダ北西部）を見に行こうと小型飛行機に乗ったところ、電線に触れた機体が墜落しました。一行は川に落ちたところを舟に助けられます。奇跡的に、全員が無傷でした。

しかし翌日、ヘミングウェイが乗り込んだ飛行機がまたもや事故を起こしました。信じられない確率の話ですが、事実です。今度は機体炎上でした。

ヘミングウェイは飛行機のコックピッドのガラスを頭突きで割って脱出し、なんとか生き延びたのです。

大やけど、打撲《だぼく》、脱臼《だっきゅう》、脊椎《せきつい》負傷、（一時的にせよ）左目の失明などなど……これらの大怪我《けが》を負った「だけ」でしたが、新聞はヘミングウェイの死亡記事を載せました。

ヘミングウェイのもとにアメリカから友人たちが駆けつけると、彼は冷やしたシャンパンを飲みながら、新聞に掲載された自分の死亡記事や追悼《ついとう》文を読んで喜んでいるのです。事故で肝臓・腎臓・脾臓が破裂しており、もとから重度の糖尿病患者で高血圧なのに、こんなときですら彼は酒をやめられていませんでした。

友人たちは数カ月ぶりに見るヘミングウェイの姿の変化に驚きました。焼けずに残った髪やヒゲは真っ白になり、１８５センチ95キロの筋肉質な巨体が縮んで小さくなっているように見えたのです。

「病んで弱った自分」を絶対に認められない

この事故以降、ヘミングウェイは目立って肉体的・精神的に不安定になっていきました。

ヘミングウェイは「健康」を理由に、ノーベル文学賞の授賞式に出向くことができませんでした。ＦＢＩのスパイに狙われていると思い込んだり、会話も支離滅裂になり自殺欲求を口走ったりする一方、心療内科を受診しようとはしませんでした。

精神を病むことは、ヘミングウェイには「女々しい」こととしか思えず、自らの病気を直視できないのです。

病気を病気だと認めないことは、彼にとって自分の「男らしさ」を守る行為でした。愚《おろ》かしいことですが、それにこだわってしまったのです。

己の男性性のアピールに余念ないヘミングウェイだからこそ、女々しい自分に雄々しい自分が食い殺されてしまったようなショックを感じたのかもしれません。

「電気ショック治療」でますます心身を苦しめ……

1961年の1月20日、ジョン・F・ケネディが第35代アメリカ合衆国大統領に就任しました。ヘミングウェイはアメリカを代表する文豪としてケネディの勝利を祝うため、贈呈本《ぞうてい》を送ることにしました。しかし、わずか数行の献呈のメッセージすら書くことができなかったのです。

丸一日悩んだ末、**「まったく何一つ浮かんでこない」**と言って、彼は机の前で泣きだしました。

ヘミングウェイの本邸は当時、キューバのフィンカ・ヴィジーアにありました。しかし、キューバでは進んだ治療が受けられないということで、彼は精神科の受診のため、アメリカ・アイダホ州ケチャムに所有していた旧宅に戻ってこざるをえなくなりました。

当時は鬱の治療といっても治療薬はとくになく、電気を身体に通し、ショックを与えるくらいしか手段はありません。そしてそれはヘミングウェイにとってはかえって悪影響でした。

１９６１年７月２日の早朝、「机の二つある引き出しを強く引っぱりすぎて、それらが落下したような物音」がしたので、妻のメアリーは寝室から飛び出ていきます。死の前夜、ヘミングウェイは家の狭いほうの寝室で一人で寝るといって聞きませんでした。その彼が玄関で倒れこむようにして、亡くなっていたのです。

死因はショットガンでの自殺で、彼の頭部は吹っ飛んで何も残っていませんでした。遺体はケチャムの墓地に葬られます。

葬儀で読まれたのは、ヘミングウェイの代表作の一つ『陽はまた昇る』にも使われた聖書の一節、「世は去り世は来る　地はとこしえに保つなり」という言葉でした。

アドルフ・ヒトラーとその妻エヴァ・ブラウンの最期

「ドイツのために日夜戦うアドルフ・ヒトラーには、プライヴェートなどない」

それが独身を続けるヒトラーについてのナチスの公式見解であり、彼のカリスマ性を増幅させるべく行なわれた演出でした。

しかし実際のところ、ヒトラーにはエヴァ・ブラウンという長年の愛人がいました。

――二人の出会いは1929年10月、ミュンヘンにあったホフマン写真館で働くエヴァに、常連客のヒトラーが、わざわざ偽名を使って話しかけたことでした。しかしエヴァは彼の正体に気づきます。

やがてヒトラーは来店時に、エヴァのために花束を携《たずさ》えて訪れるようになりました。

長い間、二人の関係は父と娘のようで他愛ないものでした。両者の年齢差が23歳もあったことも、無関係ではないでしょう。

「愛人の存在」をひた隠ししたがったヒトラー

写真館店主のハインリヒ・ホフマンは、出張撮影も行なっていました。ナチス刊行の青少年向け冊子に掲載する「山でのヒトラー」的なスナップを撮影していたわけですが、エヴァも誘われて出かけ、その写真に映り込む機会が増えました。しかし、**ヒトラーはホフマンに毎回、エヴァの姿をハサミで切ってカットするように命じていた**そうです。

彼女との交際をひた隠しするヒトラーの態度を、エヴァは「独占欲」などと都合よく解釈したのかもしれません。それよりも、自分の恋人が新聞やラジオに連日報道される有名人であることのほうに大きな喜びを感じ、その恋人に本当はどう思われているかにまで気が回らなかったのでしょう。

二人が頻繁に会うようになった1930年でも彼らはまだ清い関係で、会うのも昼間だけ。しかし、エヴァがヒトラーに猛烈にアタックしていたのは間違いないでしょう。

ヒトラーはエヴァに警戒を強め、**「余暇《よか》には休息を取ることが必要なのだ。私は決して結婚などできないだろう！」**などと彼女の前で語りましたが、こうしたヒトラーの遠回しな拒絶に、エヴァは気づきません。

それでも追いかけてくるエヴァに根負けしたのか、ヒトラーは自分との通話専用の電話をエヴァの自室に引かせることに了承しました。それによって彼女の生活はますますヒトラー一色となりました。

エヴァを支えた「偉大な男に愛されている」という自負

しかし、まったく鳴らない電話を待ちくたびれたエヴァは、1932年11月1日、軍用のリボルバーで自分の首を撃ちました。これはヒトラーの歓心を買うための狂言自殺（未遂）でしたが、ヒトラーは芝居がかったことが大好きらしく、これで彼女への愛が深まったようです。

1935年5月28日にもエヴァは自殺未遂をしています。理由は前と同じ**「ヒトラーが忙しくて自分をかまってくれないから」**で、今度は睡眠薬でした。

この自殺未遂にいたるまでの約3カ月間について記したエヴァの日記のページを、彼女の姉のイルゼが破り取ったものが保存されています。

「ドイツと地球で最も偉大な男の愛人の私」という自賛の他に、**「彼は私のことをあ**

ヒトラーはエヴァとの関係を世間には隠し続けていた

る種の目的のためだけに必要としている」という赤裸々《せきらら》な記述も見られます。

ヒトラーとエヴァがいつ男女の関係になったかは不明です。しかし、このエヴァの日記から、〝ヒトラーが独身なのは若くから不能だったから〟という説は、ただの噂にすぎないとわかります。

ちなみに後年、本当に彼が不能になったとき、エヴァから媚薬を飲ませられたという逸話もあります（ヴェルナー・マーザー『ヒトラー』）。

ベルリンの地下壕で、敗北を悟って

そして、エヴァの愛がついに粘り勝ちす

るときが近づいてきていました。ソ連軍の砲撃とともに……。

ナチス・ドイツの敗色が濃厚になった1945年4月22日の朝10時、不眠症に悩むヒトラーは不機嫌な目覚めを迎えます。

ヒトラーは**「誰がわざわざこんなことをして、眠りを妨《さまた》げるのか」**と不満げにつぶやいたそうです。ソ連軍はすでに、官邸のあるベルリン市中に進攻を開始しており、刻々と近づいてくる爆音は〝終わりのはじまり〟を告げていたのですが、心身を病んだヒトラーは現実を受け入れられなくなっていたのかもしれません。

そもそも、ヒトラーの寝室には、外の様子をうかがえる窓などついていません。ソ連軍がベルリンにやってくる数週間ほど前から、地下16メートルの深さに作られた地下シェルター内に官邸は移動しており、そこにはヒトラーをはじめ、ナチス・ドイツの幹部たちやその家族、使用人たちが息をつめて身を隠していました。

エヴァ・ブラウンの姿もその中に見られました。しかし彼女だけはかつてないほど、生命力にあふれて見えたそうです。

この22日夕方、物資も人員も残り少ないナチス・ドイツ軍はソ連軍に抵抗する術《すべ》がなく、命令されていた攻撃も行なえなかったという報告を聞いたヒトラーは怒り狂い、絶望し、人々を前にこう言い放ちました。

「今や私にとってなすべきことは一つ。ベルリンにとどまり、ここで死ぬ」

同23日、ヒトラーが重用していたナチス幹部アルベルト・シュペーアがシェルターを訪れ、ヒトラーに別れのあいさつをした際、エヴァはファーストレディー風にふるまいます。彼女はモエ・エ・シャンドンのボトルを開け、笑顔でシュペーアをもてなしました。

シュペーアは、このときのエヴァの姿を次のように描いています。

「エヴァ・ブラウンは死を約束された地下壕の人々の中でただ一人、この上なく穏やかな様子だった。それは崇拝すべきほどだった。（略）彼女はほとんど楽しげなほど平静だった」

それもそのはず、彼女にはヒトラーが自分をついに妻に選んでくれる瞬間が近づいていることがわかっていたのです。連日連夜、彼女はヒトラーに「私と正式に結婚して」とプロポーズ爆撃を加えていたのでした。病み衰えたヒトラーは、ソ連軍に取り囲まれた彼らのシェルターと同じく陥落《かんらく》寸前でした。エヴァはかつてない手応えに、興奮を隠しきれません。

同日、エヴァはヒトラーの秘書だったトラウデル・ユンゲに**「私はきれいな遺体になりたいの」**と話しだしました。

「口にピストルを撃ち込んで、美しい顔を熟しすぎたスイカみたいにめちゃめちゃにするなんてありえない。恐ろしいほど醜《みにく》いだろうし、自分だと見分けがつかないかもしれない」と言うエヴァは、自分の遺体の写真が世界中に公開され、それが歴史の本に載る未来に、この上ない喜びと満足を感じている様子でした。

そして彼女はすでに、自殺用の猛毒であるシアン化合物のカプセルを、おそらくヒトラーから手渡されていたのです。

「ヒトラーの妻として死ねる」——真夜中の結婚式

4月28日、ソ連軍の立てる爆撃音は地下シェルターのすぐ近くから昼夜続くようになり、終わりはすぐそこにやってきていることを告げていました。

エヴァは見知らぬ男性がシェルター内にいることに気づきます。そしてそれが戸籍役人のヴァルター・ヴァグナーだと知ると、エヴァは長年の希望がついにかなうと狂喜します。不落の要塞《ようさい》のようなヒトラーがついに陥落、結婚に承諾してくれたのです！

結婚式は、翌29日の真夜中頃からはじまりました。**花婿《はなむこ》のヒトラーは蠟《ろう》のような顔色で、しわくちゃのナチスの制服に大量の勲章をつけて現われました。**エヴァは、濃い青に染めた絹のドレスに毛皮のケープを羽織って微笑んでいました。

戸籍役人のヴァルター・ヴァグナーがナチスの定めた作法にのっとって、結婚の宣《せん》誓《せい》を二人に求めます。

新郎新婦への質問にはナチスらしく**「アーリア民族の血を引いているか」「遺伝的疾患《しっかん》がないか」**というものもありました。二人が結婚に同意すると、式はおしまいです。10分もかかりませんでした。

エヴァは書類に署名する際、自分をエヴァ・ヒトラーではなく、旧姓のエヴァ・ブラウンとして記そうとBの文字を書こうとして、間違いに気づき、なんとかそれをHに直しています。彼女の興奮が伝わってくるようですね……。

祝宴は儀式よりさらに短く、たった数分程度でした。紅茶とシャンパンが出されましたが、ヒトラーはすぐさま遺言の作成にとりかかり、席を離れていったからです。

わずか36時間だけの夫婦

4月30日13時、ヒトラーはエヴァたちと最後の昼食をとり、廊下でここまで運命をともにした幹部たちに、最後のあいさつをかわします。エヴァは、襟《えり》元にバラの花が描かれた黒いワンピースに身を包んでいました。ヒトラーがとりわけ好んだ服です。

エヴァは自分の服や毛皮などを女性スタッフたちに配りました。形見分けとあいさつが終わった二人は寝室に入り、シアン化合物の入ったカプセルを噛み潰し、自殺します。

こうしてエヴァはヒトラー夫人として生を終えました。妻でいられた時間は、わずか約36時間でした。

彼らの遺体は従僕たちの手でシェルターの外に運び出され、数百リットルという大量のガソリンをかけられたあげく、3時間ほどかけて炭になるまで焼かれてしまっています。

自分の美しい遺体の写真を、世界中に見せたいというエヴァの希望はかないませんでした。

「王族は神に選ばれた……」狂気に呑み込まれたメキシコ皇后

ベルギーがオランダ王国から独立し、人民たっての希望でベルギー王国が新設されたのは1831年のこと。

その初代ベルギー国王に即位したレオポルド1世の娘として、1840年6月7日に生まれたのが、シャルロッテ・フォン・ベルギエンでした。

シャルロッテは子供の頃から上昇志向の強い女の子でした。**彼女の夢は、王妃よりも身分の高い皇后になること**でした。模範的な王女であったことも知られています。

11歳のときには早くも、次のような作文をシャルロッテは書いています。

「神様からその威光と力の一部を託された王侯は、神様からとても大きな責任を問われることになります。神様は、臣民の安泰に努める義務を王侯に課しているのです」

シャルロッテの信心深さと誇り高さ、そして生まれ持った血筋に対する責任感がひしひしと伝わってきます。

彼女はやがて、オーストリア帝国のフランツ・ヨーゼフ皇帝の弟にあたるマクシミリアン大公との結婚を選びます。彼は皇位継承権の持ち主でした。フランツ・ヨーゼフ皇帝とエリザベート皇后の間には隙間風が吹いていると囁かれており、もし彼らに嫡男が生まれなければ……シャルロッテの夫であるマクシミリアン大公は約5世紀もの統治の伝統を持つハプスブルク家の皇帝に、そしてシャルロッテはその皇后となることができるのです！

1857年7月の結婚式のとき、シャルロッテは17歳、マクシミリアンは25歳でした。残された二人の写真を見ると、背が高くやせて気弱そうなマクシミリアンに対し、シャルロッテはどの写真でも表情が硬く、まるで何かと戦っているような眼をしているのが印象的です。

結婚後すぐ、夫マクシミリアン大公の欠点が目立つようになりました。ハプスブルク家の長男に生まれなかった身の不幸を嘆く一方、尊大な態度で周囲を困惑させるのです。それでもシャルロッテは夫を勇気づけ、支えようとしました。

結婚より少し前の1857年2月以降、マクシミリアンは当時ハプスブルク領だったロンバルディア＝ヴェネツィアの副王に即位しています。「王」よりは劣る「副王」の位ですが、幸先のよいスタートでした。

しかし、運悪く巻き起こったイタリア統一運動の影響で、ロンバルディアとヴェネツィアはハプスブルク家の支配から独立、マクシミリアンの治世はわずか2年ももたず、1859年に終了しました。**もはや落ち目のハプスブルク家には、プリンス向けの適当な役職がないため、27歳のマクシミリアンは事実上の隠居を余儀なくされました。**

長らく生まれていなかった男子が、1858年、兄の皇帝夫妻に生まれてしまったのも、マクシミリアンとシャルロッテには不幸でした。ちなみにその男子がのちに心中事件で有名となる、この章の冒頭で取り上げたルドルフ皇太子です。

むなしい隠居生活の身に届いた〝オファー〟

未来がなくなったマクシミリアンとシャルロッテは、イタリアのトリエステ（当時ハプスブルク帝国領内）のミラマール城で、趣味の園芸でもして暮らすしかありません。

傍目《はため》には生活の保障された優雅な楽隠居です。しかし、二人はまだ20代なのです。

とくに、上昇志向の強いシャルロッテにとっては屈辱の日々でした。
神に選ばれ王侯の家に生まれたのに、何もなしえぬまま、朽ち果てていくしかない
——そんな運命は逆に過酷なのです。

そんな矢先、マクシミリアンとシャルロッテ夫妻に、フランスのナポレオン3世から思わぬオファーが届きます。それは二人に**「メキシコ皇帝夫妻にならないか」**という誘いでした。

複雑な事情を説明すると、1860年代、メキシコ新政府がヨーロッパ諸国から借りていた金の債務支払を止めると宣言、債権者筆頭だったフランスのナポレオン3世としては黙ってはいられなくなったのです。

ここは軍事介入し、メキシコをフランスの同盟国とするべく傀儡《かいらい》政権を打ち立てよう、そのために〝お飾りのトップ〟としてマクシミリアン大公を持ち上げよう……それがナポレオン3世の思惑でした。

マクシミリアンとシャルロッテには、フランスから25000人の軍隊をメキシコに派遣し、二人を守らせるという約束も付けてやることにしました。

メキシコ皇帝の座と引き換えに、ハプスブルクを追われて

マクシミリアンは、このオファーに難色を示します。親族たちも大反対でした。シャルロッテの大叔母で、かつてはフランス王ルイ・フィリップの妃だったものの、革命で退位させられた経験のあるマリー・アメリー・ド・ブルボンは**「あなたたちは殺される」**という警告を発しました。

しかしシャルロッテは聞き入れません。役職に恵まれない夫を皇帝にしてあげられるし、自分も皇后になれるという一心です。説得の結果、なんとかマクシミリアンの同意を得ることができました。

夫婦の居城であるミラマール城で戴冠式が行なわれ、1864年4月10日、メキシコ代表団の手から王冠を受け取った二人は、メキシコ皇帝マクシミリアーノ1世、メキシコ皇后カルロータとしてそれぞれ即位しました。シャルロッテにすれば、念願の皇后としての戴冠です。

しかし、マクシミリアンは不幸な予感にさいなまれます。

メキシコ皇帝になるとは、ハプスブルク家の宿敵であるボナパルト家のナポレオン3世の庇護下に入ることを意味しました。

また**マクシミリアンは、兄フランツ・ヨーゼフ皇帝から、メキシコ皇帝になるのなら、ハプスブルク家の皇位や財産などの継承権を捨てる**よう言われ、その条件を呑んでもいました。ハプスブルクのプリンスとしての権利を放棄させられたのです。これは実家からの「縁切り」ですね。

それでもマクシミリアンとシャルロッテがヨーロッパの地から離れたのが、4月14日のことでした。二人は、もう二度ともとには戻れない選択をしてしまったのです。

暑く荒れた土地での〝飾り物にすぎない皇帝〟

長い船路の末の5月25日、皇帝夫妻はメキシコの地を踏みます。

「死者の町」と異名されるベラクルスは耐え難い蒸し暑さに包まれ、皇帝夫妻を出迎える民衆の姿もありません。

メキシコ市の皇帝夫妻用の「宮殿」に到着するも、そこは隙間風が吹きすさび、ベッドは南京虫《なんきんむし》の巣窟《そうくつ》でした。

最初からわかっていたことですが、現実は想像以上に厳しいものでした。

肩書だけは皇帝夫妻とはいえ、メキシコの人々にとっては、彼らはヨーロッパから輸入された飾り物です。支持を得ようと慈善活動などに尽力するシャルロッテには、民衆の悪意だけが返ってきました。反皇帝のゲリラ活動だけは活発でした。

1865年10月3日、皇帝マクシミリアーノ1世は恐るべき勅令《ちょくれい》を発布します。

「武器を手にしたまま捕縛された反乱軍の兵士は、その場で射殺せよ」

民衆の支持は、メキシコ皇帝夫妻から完全に失われました。また、夫妻が頼りに思っていたナポレオン3世も、メキシコへの介入は失政だというフランス本国での世論をかわしきれなくなっていました。

「メキシコに駐屯させていたフランス兵を、帰国させたい」というナポレオン3世からの手紙を読み、シャルロッテは憤激《ふんげき》しました。

それでもシャルロッテは、マクシミリアンに皇帝として責任ある統治を続けるよう、切々と訴えます。

「退位なさることは、ご自身に有罪判決を言い渡すこと、無能の証明書を渡すことです。（略）統治権はこの世で最も神聖な所有権です」

怒りにかられ、抗議し、叫ぶ

弱気になったマクシミリアンをこのように励ましながら、シャルロッテはヨーロッパにいったん戻り、ナポレオン3世に直訴してでも事態を好転させようと試みます。しかし、これは判断ミスでした。二人はおとなしく退位しているべきだったのです。

長い船旅の末、シャルロッテがフランスのサンナゼール港に到着したのは1886年8月8日のこと。

しかしフランスにとっては「お荷物」のメキシコの皇后であるシャルロッテの訪問を歓迎する声は少なく、レセプションにはメキシコの国旗ではなく、間違えられてペルーの国旗が飾られているという有り様でした。

しかも、ナポレオン3世は卑怯《ひきょう》にも仮病を使い、シャルロッテに会おうともしません。代わりにシャルロッテのもとを訪れたウジェニー皇后が申し訳なさそうに「陛下はご病気で……」などと言い訳をしながらモジモジしているのにシャルロッテは業《ごう》を煮やし、叫びます。

夫マクシミリアンを守ることができるのは、彼女だけです。そのためには恥など感じませんでした。「会ってくれなくても押しかける」と主張するシャルロッテに、ナポレオン3世は覚悟を決め、面会を許します。

ナポレオン3世とウジェニー皇后の前に現われたシャルロッテは、まるで喪服のような黒い絹のドレスをまとっていました。

「メキシコ皇帝の窮状《きゅうじょう》を知りながら、25000人の兵をメキシコに駐在させるという約束を、今になって反故《ほご》にするのはどういうことか」

と訴えるシャルロッテに対し、ナポレオン3世は途方にくれたような顔で涙さえ流して見せましたが、なんの解決策も具体的に提示しませんでした。

このままでは、神に選ばれ即位した、神聖なる皇帝マクシミリアーノ1世である夫はメキシコで見殺しにされてしまう！　この会談で成果を残さなければいけない。しかし、もはや何をどうしたらいいのか……。

皇后としてメキシコに渡って以来、あいつぐ不幸の試練にさいなまれ、疲れ果てていたシャルロッテの理性は、音をたてて軋《きし》みはじめました。

さまようシャルロッテは、狂気へと沈んでいく

ナポレオン3世に絶望し、フランスを発ったシャルロッテは、ローマ教皇ピウス9世に面会を要請します。会見に現われた彼女は、やはり夏なのに黒衣姿でした。しかし、ピウス9世が示すのは同情だけで、何一つ具体的な成果はもたらされません。そして耐え難いほどにシャルロッテを苦しめるのは、のどの渇きでした。

教皇がココアを出してくれましたが、それに指を突っ込んだシャルロッテは**「このココアには毒が入っている！」**と叫びます。しかし宿泊していたホテルに戻ることも「誰かに毒殺される」と言って拒否し、女性の宿泊を禁じる教皇庁のルールをねじまげさせ、バチカンの図書室で翌朝まで過ごしました。

教皇庁に宿泊した記録を持つ女性は、教皇の実の娘だった、かのルクレツィア・ボルジア以来、シャルロッテで二人目です。

翌日、目覚めたシャルロッテはさらなる狂気の深みにいました。**26歳の若さで、彼女の魂は死にました。**それは、シャルロッテにメキシコ帝国の崩壊を見せないための、神の恩寵《おんちょう》だったのかもしれませんが……。

1867年6月19日、シャルロッテの夫マクシミリアンは、メキシコの地で銃殺さ

れました。しかし、狂気のシャルロッテは、その悲劇をもはや理解できません。

シャルロッテの莫大な持参金はハプスブルク家からベルギー王家に返され、彼女の身柄も同王家がひきとることになりました。そして、彼女の肉体が死を迎えるまでの約60年間の長きにわたり、シャルロッテは狂気の海に理性を沈ませたまま、ベルギー・ブリュッセル近郊の城で暮らしました。

第一次世界大戦中の1914年、シャルロッテが、他の人には見えない話し相手に向かい、とつぜん不気味な予言めいたつぶやきをした記録が残されています。

「赤い色が見えますわ。国境は黒い、とても黒い……捕虜たちは、返してはもらえない……」。

赤い色とは共産主義でしょうか。それとも戦争や革命による流血でしょうか。そして黒は死の色です。

シャルロッテが亡くなったのは1927年1月19日の朝7時。フランスが共和制になって久しく、ハプスブルク帝国の皇帝は退位させられた後でした。そのときにはもう、彼女が憧れた皇室は何一つ、ヨーロッパには残っていませんでした。

参考文献

『不潔都市ロンドン　ヴィクトリア朝の都市浄化大作戦』リー・ジャクソン、『澁澤龍彦全集11　女のエピソード　偏愛的作家論　変身のロマン　悪魔のいる文学史　幻妖　補遺1972年』澁澤龍彦、『ハプスブルク夜話　古き良きウィーン』ゲオルク・マルクス、『図説ヴィクトリア朝百貨事典』谷田博幸、『毒薬の手帖』澁澤龍彦、『偉人たちのあんまりな死に方　ツタンカーメンからアインシュタインまで』ジョージア・ブラッグ（以上、河出書房新社）／『フランスの歴史をつくった女たち　第3、6巻』ギー・ブルトン、『マリー・アントワネット　フランス革命と対決した王妃』安達正勝、『毒と薬の世界史　ソクラテス、錬金術、ドーピング』船山信次、『女たちが変えたピカソ』木島俊介（以上、中央公論新社）／『ナポレオンが選んだ3人の女』川島ルミ子、『怪帝ナポレオンⅢ世　第二帝政全史』鹿島茂、『ゴッホの地図帖　ヨーロッパをめぐる旅』ニーンケ・デーネカンプ他（以上、講談社）／『王妃たちの最期の日々　上・下』ジャン＝クリストフ・ビュイッソン他、『毒殺の世界史　下　教皇アレクサンデル6世からユーシェンコ大統領まで』フランク・コラール、『ヒトラー死の真相　KGB機密アーカイブと科学調査　上・下』ジャン＝クリストフ・ブリザール他（以上、原書房）／『ゴッホ　一〇〇年目の真実』デイヴィッド・スウィートマン、『ヴァレンヌ逃亡　マリー・アントワネット運命の24時間』中野京子、『愛人百科』ドーン・B・ソーヴァ（以上、文藝春秋）／『カップルをめぐる13の物語　創造性とパートナーシップ　上』ホイットニー・チャドウィック、『レクィエムの歴史　死と音楽との対話』井上太郎（以上、平凡社）／『カミーユ・クローデル　1864‐1943』レーヌ＝マリー・パリス、『眼は聴く』ポール・クローデル（以上、みすず書房）／『カンパン夫人　フランス革命を生き抜いた首席侍女』イネス・ド・ケルタンギ（白水社）／『中国の性愛術』

土屋英明（新潮社）／『ゴッホと〈聖なるもの〉』正田倫顕（新教出版社）／『「うたかたの恋」の真実　ハプスブルク皇太子心中事件』仲晃（青灯社）／『ドゥミモンデーヌ　パリ・裏社交界の女たち』山田勝（早川書房）／『ナチスの女たち　秘められた愛』アンナ・マリア・ジークムント（東洋書林）／『バブルの歴史　チューリップ恐慌からインターネット投機へ』エドワード・チャンセラー（日経ＢＰ社）／『フッガー家の時代』諸田實（有斐閣）／『富の王国ロスチャイルド』池内紀（東洋経済新報社）／『天才たちの死　死因が語る偉人の運命』ハンス・バンクル（新書館）／『チャーチルが愛した日本』関榮次（ＰＨＰ研究所）／『狂気とバブル　なぜ人は集団になると愚行に走るのか』チャールズ・マッケイ（パンローリング）／『ギャンブラー・モーツァルト「遊びの世紀」に生きた天才』ギュンター・バウアー（春秋社）／『サリエーリ　生涯と作品』水谷彰良（復刊ドットコム）／『花と緑が語るハプスブルク家の意外な歴史』関田淳子（朝日新聞出版）／『ならず者たちのギャラリー　誰が「名画」をつくりだしたのか?』フィリップ・フック（フィルムアート社）／『ヘミングウェイの源流を求めて』高見浩（飛鳥新社）／『勝利と悲劇　スターリンの政治的肖像　下』ドミトリー・ヴォルコゴーノフ（朝日新聞社）

『The Ascendancy of Finance』 Joseph Vogl (Author), Simon Garnett (Translator)

『History as Romantic Art Bencroft Prescott Motley and Parkman』 David Levin

【写真提供】

１１１ページ・１１９ページ・１３９ページ：Erich Lessing/ALBUM/ 共同通信イメージズ、29ページ・２１９ページ：ＰＰＳ通信社、69ページ：ゲッティ＝共同、１５０ページ：共同通信社（または共同）、２１１ページ：Sovfoto Universal Imades Group/Newscom/ 共同通信イメージズ、２３５ページ：ゲッティ／共同通信イメージズ、２４３ページ：DPA/ 共同通信イメージズ

本書は、本文庫のために書き下ろされたものです。

愛《あい》と欲望《よくぼう》の世界史《せかいし》

著者　堀江宏樹（ほりえ・ひろき）
発行者　押鐘太陽
発行所　株式会社三笠書房
〒102-0072 東京都千代田区飯田橋3-3-1
電話　03-5226-5734（営業部）　03-5226-5731（編集部）
http://www.mikasashobo.co.jp
印刷　誠宏印刷
製本　ナショナル製本

 ISBN978-4-8379-6898-6 C0130

王様文庫